英语教学思维创新与翻译研究

辛坤平　刘　曦　李　燚　著

汕頭大學出版社

图书在版编目（CIP）数据

英语教学思维创新与翻译研究 / 辛坤平，刘曦，李燚著. -- 汕头 : 汕头大学出版社，2021.6
ISBN 978-7-5658-4347-1

Ⅰ. ①英… Ⅱ. ①辛… ②刘… ③李… Ⅲ. ①英语－教学研究②英语－翻译－研究 Ⅳ. ①H319.3②H315.9

中国版本图书馆CIP数据核字(2021)第114015号

英语教学思维创新与翻译研究
YINGYU JIAOXUE SIWEI CHUANGXIN YU FANYI YANJIU

作　　者：辛坤平　刘　曦　李　燚
责任编辑：邹　峰
责任技编：黄东生
封面设计：刘梦杳
出版发行：汕头大学出版社
　　　　　广东省汕头市大学路243号汕头大学校园内　邮政编码：515063
电　　话：0754-82904613
印　　刷：廊坊市海涛印刷有限公司
开　　本：710mm×1000 mm　1/16
印　　张：8.25
字　　数：140 千字
版　　次：2021 年 6 月第 1 版
印　　次：2022 年 5 月第 1 次印刷
定　　价：68.00 元
ISBN 978-7-5658-4347-1

前言

改革开放的四十多年里，我国社会经济得到快速发展，在全球经济一体化进程中，我国的国际影响力也逐年增强，对外政治、经济、文化交流更加频繁，社会各领域对英语专业人才的需求也有所增加，尤其是对英语专业人才需求旺盛。为此，大学英语教育教学应在延续传统教学理念的基础上，创新英语教育教学内容与模式，以满足新时期社会发展对复合型英语专业人才的需求。

在英语教学领域，翻译是一个重要的模块，是英语教学成果的直观体现。随着我国社会、经济、对外交流的高速发展，对翻译人才的需求也越来越旺盛。一般来讲，完整的英语翻译教学要从基础英语教学开始，扩展到日常对话训练，再到培养学生语感，最后落到实践演练，这是一套完整的体系。过去的教学过程中，大多数英语老师往往强调了基础教学的重要性，忽略了实践部分。这就需要英语翻译教学打开新思路，找到新方法，切实地解决翻译教学过程中遇到的问题。

鉴于此，笔者撰写了《英语教学思维创新与翻译研究》一书。本书共有五章。第一章对我国当代英语教学进行了综合论述，涵盖英语学科的性质及教育价值、英语教学的主要内容、英语课程教学模式、我国英语教学现状与发展趋势；第二章论述了英语教学理念改革新思维，包括以学生为中心开展教学、激发学生的学习动机、了解学生的学习风格、培养学生的自主学习能力；第三章研究了英语教学模式改革新思维，涉及英语“输入–输出”教学模式新思维、英语交际型教学模式新思维、英语分级教学模式新思维、英语网络教学模式新思维；第四章探究了基于多媒体辅助、网络辅助的英语教学手段改革新思维；第五章对英语翻译教学改革新思维进行了探索，包括英语翻译教学的特征、翻译教学中创新思维的培养、英语翻译教学实践的新思路。

笔者在撰写过程中，借鉴了许多专家和学者的研究成果，在此表示衷心的感谢。本书研究的课题涉及的内容十分宽泛，尽管笔者在写作过程中力求完美，但仍难免存在疏漏，恳请各位专家批评斧正。

目 录

第一章　我国当代英语教学综述

第一节　英语学科的性质及教育价值

英语学科研究的是英语这门语言，注重知识性和人文性的统一、工具性和实践性的统一。从学生全面发展的角度来看，英语学科的教育价值主要包括语言能力发展、态度情感发展和个体成长三个方面。作为当今我国教育事业基础学科之一，英语学科在教育事业中占有十分重要的地位。

一、当代英语学科的性质

英语学科作为一门综合性的学科，在基础教育中占有很重要的地位，它既是语言工具性学科，也是一门文化学科，受语言学、心理学、教育学、社会学、人类学等多种学科观点的支撑与滋养。通过英语学科的教学，能够促进学生的全面发展。在传统上，我国一般将英语学科性质定位在语言工具性学科，窄化了该门学科的性质与功能。随着我国教育改革的推进，人们对英语学科的性质与功能有了较为丰富多元的认识，认为英语学科既有工具性价值，也有人文养成性价值。《英语课程标准》给英语的定位是，知识性和人文性的统一、工具性和实践性的统一。把握这一定位需要注意以下三个方面。

首先，英语是语言学科，应全面把握作为语言工具的性质与功能。外语之所以成为学习对象，在于学习者能够用它和本国本族之外的人士进行交流沟通，在沟通中输出本国本族的文化，输入外国外族的文化，从而使人们超越地域，联合起来共谋发展。“学外语是掌握一种工具”已成了国内外外语界的共识。为此，英语教学的工具性目标仍然应注重语言技能和语言知识。语言技能一般指听、说、读、写及四种技能的综合运用；语言知识一般指语音、词汇、语法、功能和话题等内容。这属于英语教学中的语言结构的掌握，对于母语为非英语国家的学习者而言，是掌握语言功能的前提与条件。[①]

其次，英语教学不只是为了运用，更是学生终身发展的支柱之一。在英语学科的目标定位上，最根本的立脚点应是为学生的终身发展打基础，同时强调语言目标与人文目标。英语教学的人文目标其实也正是其育人价值的体现，强调发展学生的自主学习能力、合作能力、探究能力和交际能力，这几种能力与学生的终身学习相关，是贯穿于教育教学过程的始终的。

再次，英语作为外语学习，要兼顾语言结构与功能间的生成转换和平衡。母语作为语言教学的目的语主要是建立“语”与“文”间的联系和促进学生思维的发展，所以，母语教学在关注规范性语言教学的同时，重点在于“文”，因为学生在学习母语时，往往已具备了语言沟通能力。英语作为一门外语，主要是帮助学生掌握一种在英语作为主要语言的社会里生存下去的语言工具。学生不掌握这个工具在所处的社会里就难以立足。[②]教学内容必须结合学生的日常生活，着眼于帮助他们解决日常生活的困难，力求课堂教学内容与学生日常生活融会起来，注重的是语言的交际功能和语用功能。

二、英语学科的教育价值

什么是英语学科的教育价值？在厘清这个问题前，我们必须明白什么是“价值”。“价值”是哲学中的一个核心概念，它表征的是“人类认识和实践过程中的一种‘合目的性’或客体的主体人性化的肯定意义”，体现着人类的崇高理想和永恒追求。价值的本质就在于客体对于主体来说的合目的性，也就是客体符合主体目的的一种肯定意义。

价值，作为一种关系范畴，它的出现几乎与人类社会有着同样长远的历史。教育，作为人类社会特有的一种实践活动，从它产生的时候起，便具有了价值；并且，随着人类社会的发展和教育自身形式的不断完善，其价值也愈来愈大。教育价值的客观存在使人类的教育实践活动朝着人们理想的目标发展，使教育在人类历史进程中不断满足日益发展着的社会和人自身的需要。

① 华燕.英语学科的性质及教育价值[J].现代妇女（下旬），2013（09）：85.
② 王西贝.现代英语学科教育理论概述[J].现代外语，2018（10）：23.

对应“价值”的概念，不难看出，英语学科教育的本质就是以学生发展为目的，其价值主要以是否合乎学生发展的目的以及合乎的程度来评判。换言之，英语教育活动的价值，主要表现为英语教育活动对于受教育者全面发展的目的的满足。

长久以来，说起英语课，许多人的反应只是对一门外国语言的学习与了解，期望通过英语的学习达到与他人沟通的目的，属于语言技能的学习。这样的学科价值取向，导致在教学实践中，我们的英语教育普遍出现了人文素质与语言能力培养“断裂”的状况。但事实上，英语作为一门课程，对学生而言远不止于此，更多的是以语言为载体，与他人沟通交流，了解外国文化，帮助学生全面健康地成长。在全民学英语的今天，英语教育对英语学习者的社会适应和未来发展究竟有何价值？在《英语课程标准》中就明确指出，学校开设英语课程，不仅要让学生掌握英语知识和养成运用英语的技能，而且要磨炼学生的意志。

（一）语言能力发展

在学生语言能力发展方面，应十分注重英语的实用价值，充分肯定英语作为语言交流沟通工具的重要作用，重视知识的实用价值，改变过去那种“学非所用”“用非所学”的做法，切实注意从发挥知识的实用价值角度，引导学生牢固地掌握基础知识、基本技能技巧。

具体来说，英语学科要求学生达到：具备英语听、说、读、写的语言能力；能在听或读中克服生词障碍，理解大意，获取准确信息；能就比较广泛的话题同他人（包括英语国家人士）进行初步交流；能用英语描述和表达个人意见，同他人交流思想感情；能在阅读中运用阅读策略获取所需的信息；能写有关日常生活中常见问题的作文。

（二）态度情感发展

在学生态度情感发展方面，英语课程还具有促进学生认知世界、感知生活的认知价值。学校应注重引导学生在接受英语知识的过程中，通过一定的活动方式去获得人类沉淀下来的历史经验、认识成果，并将这些认识成果内化在自己的知识结构之中，逐步形成认识新事物的能力，从而在已知世界和未知世界之间架起一座桥梁，使新生一代站在前人认识基础之上去进行新的探索，从更广阔的社会背景下去理解英语课程的学习。

然而，在我国目前英语教育中，有相当一部分教师对英语教育价值的选择还停留在“传递知识”上，至于认识范围以外的认知价值则很少涉及。

（三）个体成长

在学生个体成长方面，随着时代的发展，英语对学生的影响也越来越大，具有促进学生全面健康成长的发展价值。所谓发展价值，是属于知识教育价值的高层次，它主要是指在认知基础上对学生整个精神世界全面发展的促进作用，主要包括道德情感、创造精神、审美能力、和谐人格等方面的发展。教育的全部意义和价值不能仅仅局限于人的自然素质的培养、开发，而是超越自然素质，进而塑造个体精神，促进每个个体在社会生活中具备充沛的精神力量和实践能力。

目前在我国，不管是考试、升学，还是找工作，英语水平都已成为一项重要的考核指标。对于那些有意出国学习或定居的人而言，英语更是必须跨过的第一道门槛。而飞速发展的信息时代也充溢着大量的有用信息，要跟上时代脚步，开阔视野，纵横网络，必须掌握英语这门通用语，通过与他人（尤其是外籍人士）交流等方式获得自己需要的知识信息。此外，通过许多有趣生动的英语歌曲、电影、书籍、电视节目，人们也可以更多地了解外国文化，从而感受掌握另一门语言的学习乐趣；通过不断学习、认识、感知世界的过程中，丰富自己的精神世界，成长为一个身心健全的人。

第二节　英语教学的主要内容

正确而全面地理解和掌握英语学科教学的主要内容及结构，有助于教师在开展英语教学时更加明确教学目标、内容并有针对性地采取相应的教学手段和策略，从而使学生全面地发展英语的综合语言运用能力。本节将对英语学科，特别是高等教育阶段英语的基本结构与内容做一重点介绍和分析。

一、当代英语学科的知识体系结构

所谓知识结构，是指一个人为了某种目的的需要，按一定的组合方式和比例关系所建构的，由各类知识所组成的，具有开放、动态、通用和多层次特征的知识构架。

著名心理学家布鲁纳认为，掌握事物的结构，就是以有意义地联系它和很多别的东西的方式去理解它。简言之，学习知识结构就是学习事物是怎样相互关联的。他说："不论我们选教什么学科，务必使学生理解各门学科的基本结构。这是在运用知识方面的最低要求，它有助于解决学生在课外所遇到的问题和事件，或者在日后训练中所遇到的问题。""经典的迁移问题的中心，与其说是单纯地掌握事实和技巧，不如说是教授和学习结构。"他还指出，要帮助学生了解那些看似无关的新的事实其实是相互关联的，且与学生已有的知识也是有关联的。可见知识结构对于一门学科的重要意义和价值。建立起合理的知识结构，还有助于培养科学的思维方式，提高自己的实用技能，以适应未来学习、生活和工作的要求。

英语学科基本知识结构的成分是什么，这是在做分析前必须要统一的问题。从理论上说，语言知识是以语音为物质外壳、词汇为建筑材料、语法为结构规律构成的语言体系。

课文，就其本身而言不能归于知识的范畴。它是结合思想内容传递信息的载体，它也是一种有意识地综合了各种语言知识的表现形式。由于课文所提供的是语言的核心部分，因此课文学习是英语学习的最基本途径。就英语学科而言，应该学习和掌握的英语学科语言基础知识结构中，包括语音、词汇、词法、句法、语言功能等诸多部分。语言知识是语言能力的有机组成部分，是发展语言技能的基础。下面从语音、词汇、语法和句法等不同的方面，将学生学习英语时应掌握的英语基本知识结构做一具体分析。①

（一）语音

语言本身是多层次而又相互联系的体系。英语教学中的语音要求实际属于"音系层"，具体指"诸语音的有规律的排列组合及其读法"。也就是我们平时

① 郭妍.制约大学英语教学转型的因素和对策分析[J].福建茶叶，2019，41（06）：185.

要求学生掌握的“读音规则（phonological rules）”。这一要求从广义来说还包含重读、失爆、连读、意群、节奏和语调。这一系列的要求均涉及语义的正确理解和表达，因而不能轻视。从技能要求而言，通过学习，学生应该一能正确辨音进而辨义，二能发音正确、语调正确，以能表意。

（二）词汇

1.词汇量

核心词汇累计不少于2300词，总词汇量累计不少于4200词。

2.形态变化

形态变化包括可数名词复数、动词现在分词、动词过去式、动词过去分词，等等。

3.构词法

构词法包括合成法、派生法、转化法、首字母缩略法。

4.单词释义

应注意一词多义，词组在不同的语境中往往会有不同的意思，因此在学习中应注意这些词不同的释义。

（三）词法

对于词法，其基本知识结构如下：

1.名词

名词包括普通名词和专有名词，可数名词复数形式的构成及数量表达，不可数名词数量表达。

2.动词

动词的内容包括连系动词，行为动词，助动词，情态动词（情态动词+动词原形、情态动词+动词完成式、情态动词+动词进行式），时态（一般现在时、一般过去时、一般将来时、现在进行时、现在完成时、过去进行时、过去完成时、过去将来时、现在完成进行时、将来完成进行时），语态（主动语态；被动语态，包括一般现在时、一般过去时、一般将来时、现在进行时、现在完成时、过去进行时、过去完成时、过去将来时、现在完成进行时、含情态动词的被动语态、短语动词的被动语态），不定式（构成：肯定式、否定式、wh-+不定式、复合结构、进行式、完成式、被动式；用法：做主语、做表语、做宾语、做宾语补足语、做定语、做状语），动名词（构成：肯定式、否定式、完成式、复合结构；用法：做主语、做表语、做宾语、做定语），现在分词（构成：一般式、完成式、被动式；用法：做表语、做定语、做状语、做宾语补足语），过去分词（用法：做表语、做定语、做状语、做宾语补足语）。

3.形容词、副词

此部分内容包括用法、位置、比较级和最高级的构成和用法。

4.代词

代词包括人称代词（主格、宾格、形容词性物主代词、名词性物主代词），指示代词，疑问代词，反身代词，不定代词，it的用法（表示时间、表示自然现象、表示距离、做形式主语、做形式宾语）。

5.数词

数词的内容包括基数词，序数词，钟点表达法，日期表达法，年份表达法，分数、小数、百分比表达法，基本数学运算表达。

6.其他

如介词，表示时间，表示地点，表示方式，表示所属关系；连词：并列连词，从属连词；冠词：不定冠词，定冠词，零冠词。

（四）句法

英语的句子，从不同的维度可以有不同的划分方式。

1.虚拟语气

虚拟语气包括在与事实相反条件句中的用法（与现在事实相反、与过去事实相反、与将来事实相反），在其他从句中的用法（宾语从句、表语从句、主语从句、同位语从句）。

2.句子种类

句子种类包括陈述句（肯定式、否定式），疑问句（一般疑问句、特殊疑问句、反义疑问句、选择疑问句），祈使句，感叹句。

3.句子类型

句子类型有简单句，并列句，复合句（状语从句、定语从句、宾语从句、主语从句、表语从句、同位语从句）。

4.句子成分

句子成分包括主语、谓语、表语、宾语、定语、状语、补语。

5.倒装句

6.强调结构

用do、does、did表示强调，用it引导的强调结构。

7.独立主格结构

独立主格结构中，定语从句、主语从句、表语从句、倒装句、强调句、独立主格结构和虚拟语气是大学阶段的新增条目。

（五）功能

所谓语言功能，就是指人们使用语言要达成的目的，如问候、邀请、抱怨、道歉，等等。语言功能是通过在具体语境中传递信息达成某种交际目的来体现的。二期课改提出了“大学毕业生一门外语基本过关”的目标中所谓的“基本过关”，即指学生能用正确流利的语言进行得体交流。为达到这个目标，光有语音、词汇、词法和句法的知识还不够，掌握语言功能是实现得体交流、适切交际不可或缺的部分。

（六）阅读量与视听量

“视听量”这一概念是新课程英语教学的一大创新。现代语言学习的理论认为，语言信息并非只有传统观念所认为的文字符号一种，在现代教育教学技术高度发达的今天，音像符号是传播范围更广、速度更快的视听信息，是学生学习十分重要的来源。对于大学阶段，课程标准的规定是视听量不少于 90 小时，课外阅读量不少于 25 万词。对学生提出恰当的英语视听量的学习要求，有利于纠正“重书面、轻口头”“重知识、轻能力”的偏向，为学生学习英语提供了明确的导向。

合理建立英语学科的基础知识结构，有利于学生对英语学科知识体系的整体把握。结构中的各个板块不是相互独立的，如功能意念是以语音、词汇、词法、句法等为载体实现的；而词法中，非谓语动词与各类复合句、并列句又有着千丝万缕的关系。学生在学习中，通过各个知识板块的相互联系，构建经纬交织的知识网络，克服离散性，这样既易于学习，也便于深化理解和记忆，为语言综合能力的形成打下坚实的基础。

高校英语学科教学知识的体系结构与基本内容应该是每一位教师必须了解与把握的，这项基本要求关系到学生的英语学习效果、学校的教育改革计划乃至国家英语人才的培养与输送，可谓意义重大，所以教师必须加以重视，严肃对待。在学习、了解的同时，按照相关的规定要求，把自己的观点与理解融入英语教学当中，达到创新、改善的目的。目前，所有高等院校英语学科教学知识的体系结构与基本内容都是遵循教育部颁发的《教学基本要求》而制定的，知识、技能、文化、素质等多方面的教育成为核心，着重强调知识理论与实际运用的结合能力。英语教学知识体系结构注重对课程结构的安排，主次分明、重点突出，不忽视对学生基本素质，创新、探究等学习能力的培养，利用多媒体网络等技术和资源，采取多样的教学手段，丰富课堂的教学内容，调动学生的学习兴趣和积极性，有效地训练其自主探究能力、合作学习能力等，使学生能完全掌握听、说、读、写四项基本技能，发挥出现代化教学课堂的优势，让全面、立体的教学知识结构体系提供给学生多样化、个性化的学习平台，实现对教学资源的最优化利用，如组成网络自学学习小组、开设具有不同难易程度的网课都是实现灵活、实用教学方式的很好的途径。

二、当代英语学科基本知识内容

在英语学科教学知识的基本内容中，对学生的听、说、读、写能力的内容布置很均匀，目的是培养学生基本的英语学习能力，使其能够平衡发展，掌握全面的学习技能。按照国家教学大纲的要求，在内容上也设置了一定的标准，使学生通过知识内容的学习，掌握这门语言技能和知识、文化内涵，拥有正确的学习策略和情感态度，结合教学目标，了解全新的英语语言教学知识结构。例如，在英语学科教学知识的基本内容的编制上，就包括听力理解能力，要利用课余时间听英语节目，加强听力训练，掌握内容大意，提高听力理解能力；还包括阅读学习能力，在读懂教材的同时，丰富课外阅读途径，对于一些常见的英语报刊中的文章，需要快速阅读、理解文章的含义，做到读懂；而书面写作与翻译能力同样也是一项基本内容，在规定时间内，要运用所学知识和词汇，根据题目要求和生活中的所见所闻，写出内容连贯、语句准确通顺的完整文章，而对于翻译能力，常见的是英汉互译，运用一定的技巧和方法，在保证速度与准确性的前提下，完成相应的译文任务。

第三节　英语课程教学模式探析

课堂教学模式是教学论发展中的一个新的研究课题，从1972年乔伊斯和韦尔发表《教学模式》专著起，教学模式的研究已经被越来越多的学者和专家关注。而了解教学模式的现状及发展不仅有助于教师对当代各种教学模式的理解，还有助于人们把握教学模式的发展趋势。

一、当代英语课堂教学模式概述

（一）对英语课堂教学模式的新理解

新课标下的英语课堂教学，对教师提出了更高的要求。单纯地讲解理论知识或讲解解题方法的教学模式已经不能满足学生的要求，这就需要教师对课堂教学进行创新，以发挥学生的主体性为立足点，对教学语言、教学设计进行全方位的改良，建立和谐的师生关系，发挥好引路人的作用。创新英语教学模式对于很多教师来说都是有一定难度的，教师需要考量多种因素，避免教学偏离正常轨道。英语教师在教学中要积极应用新理念，注重对学生学习积极性、创造性的激发，注重提高学生学习兴趣，对教学模式进行创新改革。新的教学模式应在教学中体现出对学生差异性、实践性的重视，体现出对多样性、合作性及开放性的关注。新的英语教学模式应体现出课程的创新，在目标上追求学生的素质培养，在内容上追求生活化和现代化，重视教学及学习过程的实践特征。[①]

“模式”一词是英文model的汉译名词。model还可译为“模型”“范式”“典型”，等等。“模式”一词是现代科学技术中的一个术语，指介于经验与理论之间的一种知识系统，是“再现现实的一种理论性的简化形式”。把模式概念引入教育学理论中来，反映了现代教学论研究的一种新的发展趋势，即运用现代科学方法论，综合地探讨教学过程中各种变量间的相互作用及其多样化的表

① 高宁璐.英语对分课堂教学模式探析[J].科技资讯，2020，18（17）：140-141.

现形式，动态地研究教学流程中各个环节的构成样式及其具体的操作程序。将模式一词最先引入教学领域，并加以系统研究的人，当推美国的乔伊斯和韦尔。

教学模式一词，现已被广泛使用，但关于它的界说、它的内涵却有着各种各样的解释，概括起来可以分为四种。第一种认为教学模式属于教学方法范畴，有人说教学模式就是教学方法，也有人说“常规的教学方法俗称小方法，教学模式属于大方法”。第二种把教学模式归入教学程序之内，认为“教学模式是教学过程中一种相对稳定的教学程序，即教学工作应当遵循的步骤”。第三种认为教学模式与教学结构的概念有关，如有人说“教学模式是在一定的教学思想和教学理论指导下在实践中形成的教学活动的基本结构”。有人则说“教学模式是在一定的教学思想指导下，围绕着某一主题及其涉及的各种因素和关系，对教学结构进行组合的方式”。第四种观点以乔伊斯为代表，认为“教学模式是构成课程和课业，选择教材、提示教师活动的一种范型或计划”。

上述几种观点，反映的仅是教学模式的不同侧面，而没有反映出它的本质。持“教学方法”说者，是将教学模式简化了，教学模式包含了教学方法，但绝不是一般意义上的方法，也不是各种教学方法的综合。持“程序”说者和“结构”说者，仅是将教学模式纳入教学过程和教学结构的范畴，也非严格的科学定义。而范型或计划，指的只是教学模式的外在表现形式，并不能说明其内涵特征。

从总体上分析，教学活动的构成可以分为静态与动态两大部分。其静态结构主要是教师、学生、教学内容三个基本要素在教学活动中的地位、作用与相互作用。其动态结构则是教学流程中的组织方式与程序安排。任何一个教学活动的静态和动态结构形式，总是在一定的教学理论指导下，依据一定的教学目标构建的。由于教学理论或教学目标的不同，教学过程中诸要素的组合样式、教学程序的结构方式以及实施方法也不同。教学模式就是在一定的教学理论或教学思想指导下，通过教学实践抽象概括而形成的一种教学体系。它既不是纯粹的教学理论，也不是具体的教学方法，而是理论与实践的结晶，是把一定的理论转化为实践，又把实践提升为理论的中介桥梁。从本质上看，它属于教学方法论范畴。

（二）当代英语课堂教学模式特征浅析

课堂教学模式是教学活动的基本结构，每个教师在教学工作中都在自觉不自觉地按照一定的教学模式进行教学，了解课堂教学模式的特征和结构，有助于教师在教学过程中更好地运用。

1.形成性特征

课堂教学模式之所以引起广泛的重视并提出了积极革新的要求是因为它具有这样的一些特征：一是它的直观性，它可以通过图像或象征性的符号来反映它的基本特性，从而在人们头脑中形成一个比抽象理论要具体一些的框架；二是它的近似性，教学模式总是从某种特定的角度、立场和侧面来揭示教学的规律、反映教学实际；三是它的假设性，它具有一定的推理和猜想的成分，因而就具有一定的预测作用；四是它的完整性，它总是比较完整地反映一种教学的结构。各种教学模式实际上就是各种特定的相对完整的教育系统。

2.功能性特征

教学模式作为一个完整的功能系统，有其同别的系统相区别的特征。这些特征如下：

（1）独特性。这是指教学模式特有的性能，任何一种教学模式，都有其特定的应用目标、条件和范围。如果超越了或不具备其特定的应用目标、条件和范围，就很难产生良好的教学效果。例如，向学生传授系统的书本知识的课一般采用五段教学模式；培养学生自学能力的课，一般则采用活动教学模式。前者侧重于向没有基础知识或基础不扎实的学生，灌输系统的书本知识；后者则是偏重于为有基础知识和自修能力的学生，创造一种宽松的自由学习、发散思维的小环境。

（2）操作性。这是指任何一种教学模式，都是便于理解、把握和运用的。模式的语义是可供人模仿的样子。教学模式如无操作性的特征，就难以让人模仿、学习、传播、发展和完善应用于实践中去。例如，五段教学模式之所以能延续到今天，是经过几代人学习、模仿、发展、完善的结果。同时，我们也应该看到教学模式是一套程序，是一个完整的系统。应用教学模式在一定意义上说，就是按照一定的程序和规则从事教学活动。教学模式这个特征揭示了我们在培养师范学生的教育中，应当注意形成他们理解、把握和运用教学模式的能力，以缩短师范毕业生适应教学工作的时间。

（3）开放性。这是指教学模式随着教学实践、观念和理论的变化而不断地发展。虽然教学模式一旦形成，其基本结构保持相对稳定，但是这不意味着教学模式的内部要素和非基本结构不发生变更。一个教学模式刚刚形成时，仅是一个雏形。经过一代人或几代人学习、模仿、应用，必然会发现其不足之处。然后人们根据其在教学实践中获得的新经验、新观念、新理论，逐渐予以弥补和充实，从而使教学模式日趋完善。五段教学模式的发展历史，充分地说明了这一点。赫尔巴特最初提出四段教学模式，后来他的信徒们又把这四段教学模式中第一阶段分成两步，而逐渐发展成五段教学模式。这对教学理论和教学实践，都产生了巨大的影响。

（4）优效性。这是指教学模式特有的优良的效力。这也就是说，一种教学模式在教学实践中应用得当，就会对教学产生积极的作用。从这个意义上说，优效性是对独特性的补充，正如以传授知识为其重要目的的教学模式，它的优效性只能在正确地传授系统书本知识的教学中体现出来。

3.稳定性和灵活性特征

几乎所有关于“教学模式”的定义都要强调指出教学模式应具有相对稳定性的特征。这是因为教学模式不是从个别、偶然的教学现象中产生出来的，它是对大量教学实践活动的理论概括，在不同程度上揭示了教学活动带来的普遍性的规律。而且，从实践的角度看，科学性、普遍性是稳定性的基础。只有具有稳定性，才有可行性，变化无常的东西总是难于把握和施行的。但是，教学模式的稳定性是相对而言的。因为一定的教学模式总是与一定历史时期的社会政治、经济、科学、文化、教育水平相联系，受教育方针、教育目的制约，上述客观条件发生了变化，教学模式也要相应地发生变化。有这样一种说法：“教学模式”应“随机而设”，应根据课文性质、内容的不同情况而随时改变教学模式。对此，我们不能苟同。一种具有普遍意义（包括适用于某一学科的教学模式）的教学法模式应涵盖各学科（或某学科整体），也就是说，无论哪个层级的教学模式都应着力体现教学活动的共性，从而在整体上反映教学活动的规律。“随机而设”“随机变化”，就难于避免主观随意性，使人们无从遵循，无所适从，以致失掉了教学模式的固有功能，最终导致教学模式的自我否定。强调稳定性，并不意味着对灵活性的排斥，相反，教学模式应保持一定的弹性。这种灵活性，一方面表现为对学科特征的充分关注，另一方面体现为教学法的多样化。由于教学模式中的程序需要起到“普遍参照”的作用，因此一般情况下教学程序不涉及具体的科学内容，而只对教学内容的性质提出特定的要求。当然，不涉及的并非不相干。教学模式作为某种教学理论或思想在教学活动中的具体表现形式应受到学科特征、教学法内容的影响和制约，不能不考虑对学科特征、教学内容的主动适应，这一问题可归入教学模式“学科化”的范畴去解决，教学法模式宏观的相对稳定性和微观的灵活性，体现了共性和个性的统一。教学模式和具体教法密切相关（有时是相应），但二者并不是简单等同。目标教学的教学模式具有包容性，对多样化的教学法能兼收并蓄，它倡导教学风格的形成和教学个性的发展。

（三）英语课堂教学模式的基本结构

任何教学模式都有其内在的结构。教学模式的结构是由教学模式所包含的诸因素有规律地构成的系统，完整的教学模式一般包括以下几方面的要素。

1.理论依据

教学模式是一定的教学理论或教学思想的反映，是一定理论指导下的教学行为规范。不同的教育观往往提出不同的教学模式。比如，概念获得模式和先行组织模式的理论依据是认知心理学的学习理论，而情境陶冶模式的理论依据则是人的有意识的心理活动与无意识的心理活动、理智与情感活动在认知中的统一。

2.教学目标

任何教学模式都指向和完成一定的教学目标，在教学模式的结构中教学目标处于核心地位，并对构成教学模式的其他因素起着制约作用，它决定着教学模式的操作程序和师生在教学活动中的组合关系，也是教学评价的标准和尺度。正是由于教学模式与教学目标的这种极强的内在统一性，决定了不同教学模式的个性。不同教学模式是为完成一定的教学目标服务的。

3.操作程序

每一种教学模式都有其特定的逻辑步骤和操作程序，它规定了在教学活动中师生先做什么、后做什么，各步骤应当完成的任务。

4.实现条件

实现条件是指能使教学模式发挥效力的各种条件因素，如教师、学生、教学内容、教学手段、教学环境、教学时间等等。

5.教学评价

教学评价是指各种教学模式所特有的完成教学任务，达到教学目标的评价方法和标准，等等①。由于不同教学模式所要完成的教学任务和达到的教学目的不同，使用的程序和条件不同，当然其评价的方法和标准也有所不同。

二、目前我国英语课堂教学的主要模式举例

（一）整体教学模式

1.基本含义

教育部及上海市的《英语课程标准》都确定了整体教学模式，提出在英语教学中，以培养学生在口头和笔头的运用英语进行交际为中心，整体综合发展的教学目标和要求。从我国当代英语教学实践看，整体教学是分析性教学的改进，这在20世纪80年代中期以来就开始探索了。因为当时的“听说领先，读写跟上”教学模式把听写与读写、句型与语法、课文与句型分开了，加之广大教师还没从“串讲式教学法”中走出来，以致教学内容往往被肢解，学生在学习中钻牛角尖，见树不见林，结果把零散知识学了一大堆，技能也有，就是难以综合运用。在从知识型教学向能力型教学转轨过程之中，人们探讨了整体教学，其焦点还是在于语言知识与能力的糅合，最后还原为整体。这种教学模式，不限于教材处理的整体，更不止于课文教学整体，而是素质培养与语言训练的整体，训练内容与训练方式的整体，综合训练与阶段侧重的整体，以及教的过程与学的过程的整体，学生认识过程与教师认识过程的整体，教、学、练、用的整体，运用能力和基础知识的整体。

2.理论依据

整体教学之所以取得成效，基本的原理在于三点。

第一，英语教学是一个系统，进行整体教学便能发挥1+1>2的作用。

第二，英语教学既服务于教育，又采用教育作为手段，它作为系统，把许多相关因素如师资培训、研究、管理等统摄于环境要素之中，把文化素质与品德培养也统摄于教学客体和教学主体两要素之中，所有这些相关因素已构成一个整体，分解了就不能还原。

第三，语言作为交际的重要工具，它必须与体势语、副语言以及社会语境相结合，所以它本身是一个整体。如果单取基础知识、技能或运用能力，将丧失语

① 刘海燕. 英语课堂教学的主要模式分析[J]. 智库时代，2017（9）：35.

言的存在，交际也就不可能。

3.具体类型

整体教学模式有如下具体类型：阶段侧重整体教学模式、分层次整体教学模式和课文整体教学模式。

（1）阶段侧重整体教学模式。由于不同学段的学生有着不同的认知水平和思维能力，在学生学习英语的过程中，阶段目标和阶段要求应该有所侧重。语言学习可按不同阶段各有侧重，训练结果又体现为听、说、读、写的层层要求，从而反映整体教学的特征。这类模式主要借鉴了最近发展区理论和系统论的基本观点。根据系统论的观念，言语四技能统一构成言语整体而又各自成为一个子系统，各有自己的要素，在言语活动中具有相对独立的地位。在交际运用和英语学习中，四技能既互相联系，又可以分别训练。而根据最近发展区理论，学生对四技能的掌握水平不会完全一致，掌握顺序会有先有后，掌握方式也会因教学主体和教学环境之不同而不同。这样，在整体教学中进行阶段侧重就有了可能。

（2）分层次整体教学模式。这是包连吉、于杰、易丽华、吴冬华等人试验的一类教学模式，原名《层次分组整体教学程式与方法》。其主要意旨是使一个班里上、中、下三种水平的学生都能“吃好、吃饱，学有所得”。这种立意对于改革班级教学之弊端以面向全体学生施教，是值得肯定的。其分层方法引用了复式教学的经验，实施起来比较困难。但这个模式把分层教学看作一种手段，用以大面积提高英语整体教学的水平，培养运用语言能力和自学能力的整体水平，个别学生和全班学生学会学习和乐意学习的整体水平，这是值得注意的。

这类模式的目标取向是根据美国教育家布鲁姆的目标分类学理论搭建的。布鲁姆认为“当学习转化为一种合作过程，人人都从中受益时，小组学习程序可以是十分有效的。语言学习尤其需要与别人交流，以便在使用中学习”。这类模式按学生的英语实际水平将学生分成A、B、C三组分层次教学，使学生在学习中遇到自己难以解答的问题时，可以互相帮助，同时培养自己的思维能力和表达能力，这样有助于提高他们的自学能力，提高学习的速度和效率，学生之间的距离也会缩短。同时把竞赛机制引入课堂学习，使课堂气氛轻松愉快、热烈和谐。还培养了学生用英语进行交际的能力，从而增加了学生的学习信心，调动了他们的学习积极性和主动性，达到了愉快教学的目的，也就会减少两极分化。这类模式实质体现了建构主义协作学习的要求。

（3）课文整体教学模式。在英语教学中，课文是学习内容的载体，是语言知识、言语技能、思想文化等所依附的皮。在很长的时间里，我们曾把课文当作语文教学里的文章来教，侧重串讲知识，一方面脱离语言实践，另一方面使学生见树不见林，目的语的运用能力得不到提高。其中原因在于英语是学语，而母语课虽名语文，实质是学文，所以整体教学首先是从课文教学开始的。课文整体教学模式也是在大学阶段重要的阅读教学模式之一。

这类模式的实施者认为英语教学是一个整体，按系统论原理，进行英语教学必须着眼整体，才能发挥整体功能。课文是英语教学这个整体的要素之一，因为它是目的语的载体，必然与学生、教学条件等互不可分。而课文本身又是一个整体，从结构看，它是由词、句、段构成的语篇；从内容看，它又是由一定的信息、制约信息的文化（如语用规则）以及负载信息的语言表达规律（如语法规则、习语内涵）所组成的整体。课文的形式和内容又是不可分的，所以课文教学必须着眼整体。如果从它的组成要素着手，则课文必被分解，学到的课文也必然是瞎子摸象所理解到的局部，不利于学生掌握课文的中心思想和进行听、说、读、写的综合训练。此外，教学一篇课文又是一个整体，因为课文是在教室里教和学的，这牵涉到新旧联系、学生的学习动力、教师的教学水平与技巧、教学环境的变化等因素，必须从教学活动的整体予以处理。这类模式在具体的操作步骤中采纳了建构主义中新旧经验间同化和顺应现象的理论。

概括起来，课文整体教学模式主要是一个“整体（全文）—句段—整体（全文）”三步教学模式，也可称为“合—分—合”模式。这类模式的具体操作程序包括：第一，着眼全篇。根据课文特征，通过skimming，抓住文章主旨，把握文章整体脉络。第二，句段教学。基于对课文的整体了解，消化局部，捕捉细节，理清各个部分之间的逻辑关系。这个环节，还要适当兼顾语言知识与语言技能。第三，整合全篇。句段教学在一定程度上把课文拆散了，整合全篇则是在了解部件的基础上又把它们组装起来，但整合全篇的目的不只是整合成原来的课文。在这个环节，要让学生的认知结构对课文同化或顺应，然后进行读后综合训练，如压缩课文、扩展课文、转述课文以及相关话题的深入讨论和写作等等。

（二）任务教学模式

1.基本含义

《英语课程标准》倡导教师在课堂教学中采用任务教学模式，把综合语言运用能力的培养落实在教学过程中，让学生在教师的指导下，通过实践、体验、感知、参与和合作学习的方式，逐步达到教学目标规定的要求。任务型英语教学（Task-based English teaching）是20世纪80年代在交际教学法研究和实践的基础上兴起的以任务为中心的英语教学法。它是一种把语言运用的基本理念转化为具有实践意义的课堂教学方式。它要求教师根据教学目标和教学内容设计多种、多层次的任务，创设真实自然的语言学习环境，并指导学生通过感知、实践、参与和合作等方式实现任务，感受成功。在完成任务的过程中，作为课堂主体的学生，通过生生、师生之间的多边互动，进行有意义的讨论和交流，用做事来学习和使用英语，从而提高自身综合语言运用、自主学习和探究的能力。“在做中学”或者“用语言做事”是任务型英语教学的核心，它注重信息沟通，强调语言的实际运用，实现了语言教学的交际本质。

2.基本结构

简·威利斯（Jane Willis）在1996年提出的“任务型学习”（Task-Based Learning）强调了学习的主体性。任务教学法把我们在教学常规中所使用的PPP（Presentation，Practice，Production）模式颠倒了过来，改变了PPP模式中tasks通常被认为是体现在最后一个P（Production）中的延伸式练习，用来巩固所学语法结构、语言功能或词汇的方法。在TBL模式中，学生们以完成任务的活动展开学习。在任务完成后，教师再把学生的注意力引到任务型学习活动中所使用的语言上来，并对学生的使用语言表现做一些适当的纠正和调整。简·威利斯把任务型学习模式分为三个阶段：任务前的介绍（Pre-task）：Introduction to the topic and task；完成任务的活动（Task-cycle）：Task planning and report；语言讲解（Language focus）：Analysis and practice。其中，完成任务的活动（Task-cycle）是核心部分，任务的设计是实施“任务型”教学的前提条件。教师要从学生“学”的角度来设计教学活动，不把主要的精力放在语言和材料的呈现上，而要强调学习活动的真实性。

3.模式特征

任务型教学是交际语言教学的课程模式之一，是众多交际教学大纲模式中最强调语言教师和语言学习者自主性的新型教学模式。任务型教学模式区别于其他交际教学模式最根本的特征就是它更强调采用具有明确目标的“任务”来帮助语言学习者更主动地学习和运用语言。任务型教学模式的另一特征是教师在教学中的作用发生了很大的变化，他们在语言教学过程中，尤其是在课程设计中，将起到越来越重要的独立作用。教师应能根据自己对语言、语言学习和语言教学的理解以及学生的语言需要和能力设计教学任务，并能根据学生完成任务的情况调整教学设计。作为一种教学法，它具有结构性。任务型教学至少须具备以下特征。

（1）任务的真实性。任务活动将语言材料放入真实或拟真实的情境，让学生置身于贴近生活的语境中，激发参与欲望，从而培养学生的语言实践能力。

（2）任务的互动合作性。任务的完成必须依赖于参与者的互动、合作与交流。学生通过pair-work、group-work等活动，学习和使用语言，完成学习任务，达到学以致用的目的。

（3）任务的可操作性。任务的目标须明确，学习者应知道任务所要达到的结果，然后以自己的方式探索解决问题，完成任务的方法，发展思维能力。

（4）学生的主体性。在英语教学中教师与学生的关系应为：教师为主导，学生为主体，学生在教师的指导下积极主动学习，教师在教学中尊重、相信学生，把学习的主动权交给学生，充分调动学生学习的自主性、能动性和创造性。

（5）课内外相结合。任务型教学不应仅限于课内，还应延伸到课外的学习和活动中，鼓励学生大胆创新，培养学生用英语解决实际问题的能力。

4.设计原则

（1）活动要有明确的目的并具有可操作性。在确定每节课教学任务时，要避免笼统地培养学生具备某种能力，应把它落实到与本课教学内容相关的具体要求或某项技能上来。有了明确具体的目标，才能增强教学的针对性，使教学任务落到实处。教学目标在表述上要尽量行为化，具有外显性和可见性，使师生双方都知道教什么、学什么和怎样教、怎样学，这样的教学任务就具有可操作性。

（2）活动要以学生的生活经验和兴趣为出发点，内容和方式要尽量真实。真实生活任务源自真实生活，教师可以直接从真实生活中选择适合在课堂上开展的真实任务进行语言教学。活动的选材应与学生的年龄特征、认知结构、生活经验等紧紧地联系在一起，结合教学内容，创造性地设计贴近学生生活、学习经历和社会实际的任务活动。这样，能引起学生的共鸣，并激发学生参与的积极性，使学生有事可做、有话可说。

（3）活动的设计要难度适当，给予学生成功的机会。教师设计活动时，必须考虑任务的难度、内容的长度、信息的密度、生词的数量、学生对相关背景知识的理解程度、学生的智力差异、学生的兴趣以及学生已有的学习经验，等等。教师必须根据教学内容设计适合学生水平的任务，要让学生有事可做、有话可说，并让学生感受到“我能做，我会做”。对于低、中、高不同年级的学生，教师更要把握好任务的形式、内容和难度。比如，同样的话题“food”，要求低年级的学生能进行简单的交流，相互了解对方所喜欢的食物；要求中高年级的学生能说出喜欢某种食物的原因。

（4）活动要以教师为主导和学生为主体。在任务型课堂上，教师不再处于独占讲台的静态格局，不再单一方向地向学生“灌输”教学，而是教学过程的设计者、组织者、指导者。这就要求教师在教学过程中，眼观四面、耳听八方，朝着既定的训练目标，根据学生的反馈信息，随时对教学进行评价和调控，再把信息反馈给学生，促使学生自我评价和调节。教师设计任务时，要充分了解学生的兴趣、爱好、特长和学习能力，仔细考虑学生的需要和能力。任务范围要广泛，活动要多样，使不同类型的学生在完成任务的过程中有机会自主选择，决定学习的最佳时机、内容以及学习方式。

（5）设置语境，努力营造跨文化交际氛围。语境是用英语进行听、说、读、写交际活动的社会环境。任何有意义的语言交际活动都是在特定的语境中进行的；因此，教师设计任务时要利用多种语言或非语言形式和手段创设语境使学生在一种自然、真实或模拟真实的语境中学习语言，这样就可以使学生直接感受语言的交际用途，把语言的学习和运用有机地结合起来。

任务型教学模式以各种形式的任务，在使学生的语言能力得到充分发展的同时，思维能力、主体性、跨文化交际能力等也得到了有效的培养。教师在实施任务型教学的时候，一定要以意义为中心，而不是以操练某种意义不大，甚至毫无意义的语言形式为目的。任务的焦点是解决某一交际问题，而这一问题应是具体的，贴近学生生活、学习经历和社会实际，能引起学生的共鸣和兴趣，激发学生积极参与的欲望。任务的设计和执行应注意任务的完成，即交际问题的解决。

总之，一切活动都以培养学生的英语交际能力为目的。这也是任务型教学的中心任务。

（三）情境教学模式

1.基本含义

情境教学就是指教师依据一定的教学内容，借助于形象生动的物理情境和人文情境，激起学习者的学习兴趣和主动参与性，从而达到最佳的教学效果的教学方法。正如布鲁姆所说：“成功的外语课堂教学应当在课堂内创设更多的情境，让学生有机会运用已学到的语言材料。”在英语教学过程中，教师运用情境教学方法，能有效调动学生的思维，学生会探索、会学习、会运用英语。情境教学法已成为现代英语教学常用的教学方法。

自20世纪80年代末以来，情境认知已成为一种能提供有意义学习并促进知识向真实生活情境转化的重要学习理论，外语情境认知强调将外语知识视作工具并通过真实情境的活动和社会性互动促进外语学习者对所学语言的适应。我国外语教学曾长期存在“哑巴英语”“聋子英语”的现象，学习者在特定的场景不能表达或听懂所学的外语；但是，人们在母语的日常交际语境中，通常能以惊人的速度成功学习语言。语言的词语和句子不是孤立的，它们总是存在于一定的交际场合和说话情境中。外语学习者在外语听力训练过程中，经常出现某些词听起来非常熟悉，但不能将其语义整合到具体的语境中的情况，其中的原因之一是他们所学的外语脱离具体的情境。情境认知理论认为，学习者只有在丰富的语言情境下，发挥主体功能，实际运用语言，才能获得良好的学习效果，而脱离情境的学习是无效果的学习。因此让学习者尽可能多地暴露在语言知识语境中，且慢慢增加语言的输入量，学习者才会很自然地提高语言的输出能力。

2.基本结构

由于情境是制约语言行为的非语言的外显现实，交际活动必然离不了情境，而交际主要借助语言才能实现，交际活动必然要运用语言的功能。“情境-功能-情境”三段教学法就是让学生在情境阶段接触完整的真实语言，在功能阶段认识语言，又到情境中去运用语言，使他们“从情境中学来到情境中去用”。有如小孩玩积木，开始观察整体图形，再尝试研究不同的积木在搭成某图形时有什么作用。最后自由选用积木按图或不按图搭成不同的积木实物。所以这个模式的首倡者谢稼称之为“积木教学法”，它由三个阶段组成。

（1）情境感知阶段。教师以各种方式给学生提供反映所学教材的完整情境，帮助学生理解教材内容，但不做任何功能分析或解释，让学生直接观察、分析；但要帮助学生在提供的情境范围内做一些沟通交流，以联旧学新，并建立信心。不过，必要的机械操练仍不可免。还得注意，提供完整的情境并非一定得创设一种实物情境，完整地理解课文情节也是感知情境。

（2）功能分析阶段。这个阶段要对所学语言材料（存在于第一阶段所提供的情境之中）进行分析讲解，再以之操练、练习。在课堂上，学生不可能同时学习处理所有的功能，教师也不能一下子把所有的东西塞给学生。这就需要把整个情境分解为功能项目，然后逐个地进行练习。由于这种练习的作用是完整的，学生就能学到适合不同情境中不同角色的不同的表达方式。这个阶段的重点工作虽是分析、讲解功能，但其活动却不是说教式的分析与讲解，而要通过交际性练习去实现。设置信息沟成了教师的重要工作。如果学生事先知道别人要说些什么，那就没有信息的传递和接受，交际就无从说起。只有存在信息沟，才有信息的交流。

（3）情境变化阶段。这个阶段的教学是要求在不同的情境中使用相同的功能。学生必须更自如地表达自己，更有策略地完成交流沟通任务。不断地组合和重新组合功能项目，使之适应多种多样的具体交际情境，这对于学生将所掌握的东西应用到课堂以外的社会交际活动中去，具有非常重要的作用。

上述三阶段都没提语言结构的教学，实际上三阶段都要进行结构教学：第一阶段，着重感知表达重要情节的语言结构；第二阶段，分析不同功能的表达形式；第三阶段，应用重点结构进行表达。这实质上采用了建构主义的结构搭建原理。

3.情境创设方法

（1）创设直观情境，化抽象为具体，提高学生的兴趣。对学生来说，“兴趣”将直接影响学习效果。教师在课堂上能否调动学生的学习积极性，能否使学生对学习产生浓厚的兴趣，是教学成功的关键。传统的英语教学模式，学生面对的往往是苍白、缺乏图片的教材；课堂上，教师把更多时间花在分析语法、解析生词等方面，忽视了学生直觉、联想、情感等方面能力的提升。可喜的是，在当今英语课堂教学中，越来越多的老师，能借助实物、幻灯片、投影仪、电视教学、电脑多媒体教学途径，为英语教学创设出模拟情境或真实情境。例如，现代化的多媒体教学利用多媒体组合，能再现有关对话的时空，做到声像结合，图文并茂，形象直观，更好地吸引学生的注意力，提高学生对语言的学习兴趣，促进他们的观察力和想象力，加深学习的印象，并有利于学生的理解记忆，让一节课有多个兴奋点以激发学生的思维，让学生多维度感知。色彩鲜艳的画面，伴随着纯正地道的发音，学生可以边听、边看、边说，把看到的情景和听到的声音自然地联系起来。在观察的基础上理解和记忆，大大减轻学习上的难度，让学生在寓教于乐中获得知识、完成学习任务。

（2）创设问题情境，使学生处于积极活跃的思维状态。爱因斯坦说过："提出问题比解决问题更重要。"所以在英语教学中，教师要不断呈现出异彩纷呈的语言问题，给学生提供尽可能广的独立思维的天地，通过具体的实例让学生获得正确的评价、观点、意见或证据等，并做出自己的判断或决定。根据教材的特征，创设问题情境，营造、渲染富有情境的学习氛围，让学生的活动有机地注入知识的学习中。有效的学习过程应是一个思考的过程。只有通过思考，知识才能内化，思维才能得到训练，智力才能得到提高。而思考的欲望与动机又得依靠目标才可得到激发。问题是一种目标，提出一个问题就意味着提出一个以解决该问题为内容的目标。创设问题情境就是向学生提出具体目标，激发思维，使学生处于积极活跃的思维状态，变知识接受为知识吸取，优化教学过程，提高教学效果。

（3）创设趣味情境，体现了"愉快教学"的教学原则。趣味情境是指教师利用一些趣味性的活动和事物来激发学生学习兴趣，让学生在快乐之中掌握知识。"愉快教学"是一种现代的教学原则，核心是在轻松愉快的课堂气氛中获得舒适愉悦的情感体验。英语教学的趣味情境创设方法很多，在大学阶段，可以基于学习内容，如设计riddle，word puzzle，joke等小情境，让学生在愉悦的感受中学习语言。

（4）创设合作情境，体现了"以教师为主导，学生为主体"的教学原则。合作学习能培养学生与他人合作的能力，学会与人相处的艺术，也是新课程所倡导的学习方式之一。在英语课堂教学中开展合作学习，充分体现了"以教师为主导，学生为主体"的教学原则，有利于建立新型的师生关系。老师不仅是学生知识的传播者，亦是学生生活中的好伙伴、好朋友，亦师亦友，教学相长。

传统的教育以单一的教学模式授课，学生被动地接受知识，其合作意识很难萌发。开展合作学习的课堂教学，可以改变以往单一的教学模式，形成多边的教学交流，使课堂具有一种宽松、和谐和民主的气氛。这种学习环境能够有效地激发学生积极参加实践的热情，培养他们的参与意识，尤其能消除那些性格胆怯或有自卑感的学生的心理障碍，使他们享受到成功的喜悦，重拾失落的自信，达到面向全体学生施教的目的。

英语情境教学的创设方法多种多样，其目的都是提高教学效果，达到异曲同工之妙。只要英语教师提高自身的专业水平和现代语言教学理论水平，巧于课堂设计，勤于实践，创设英语教学情境并不难，教学情境创设得体，情境教学运用得当，就能达到最佳的英语课堂教学效果。

第四节　我国英语教学现状与发展趋势

一、我国英语教学现状

英语作为在校学生的一门必修课程，在我国高校的教育体系中所占据的重要地位是毋庸置疑的。同时，在各个行业都在与世界接轨的大背景下，英语已经成为人们在职场上生存的必备技能。随着国际交流的不断增加，英语人才已经成为各大企业争夺的目标。高校作为我国人才培养的基地，其英语教学的质量关系到我国未来人才的质量。要足够重视高校英语教育，努力将其做到最好，为国家和社会培养更多的英语人才。

（一）高校英语教学现状

当前，英语教学在各大高校都得到了足够的重视，大部分院校都设置了英语课程，并且课时与其他学科相比投入较多。虽然英语教学在高校中的重视程度较高，但是仍然有许多不足之处。

1.部分学校教学模式单调

目前很多在校学生在中学时接触的英语课程运用的是以老师讲课为主的教学

模式，大部分人都是在老师的灌输下被动地学习英语。然而，进入大学之后，虽然讲课老师的水平比以前高了，但是在教学模式上还是一成不变，这就很容易导致学生对学习英语感到厌烦。相对于其他专业课而言，英语是一门比较枯燥的学科，如果各大高校不能在教学模式上进行革新，就很难提高学生学习英语的积极性，因而学生英语水平也很难提高。单调的英语教学模式是目前各大高校英语教学的普遍状况。

2.部分学校不注重学生能力的培养

当今的社会，就业压力不断增大。虽然学生在学习成绩上可以做到名列前茅，但是这并不能代表其实际应用能力也很强。想要提高学生的就业率，就要想方设法提高学生自身的实践能力。英语作为各行各业从业者的必备技能，已经成为就业时很多企业考虑的重要因素。然而，目前各大高校普遍注重的是学生的英语成绩，很少关注培养学生的英语应用水平，这造就了一大批“高分低能”的英语人才，不但不利于学生的职业发展，也不利于我国人才技能的提升。

3.部分学校评估方法不合理

应试教育是我国自古以来就存在的教学模式。在当今世界一体化程度不断加深的时代，在竞争激烈的社会中，以考试成绩为标准选拔出来的人才并不一定能满足社会对人才的需求。为了更好地与社会需求接轨，为我国培养更多适应时代发展的人才，各大高校就要改变以前对英语水平评估的方法，制定一个更合理的评估指标。不能单单依靠英语考试的成绩来评定一个学生的英语水平。

（二）高校英语教学中存在问题的解决方法

1.提高对应用型英语的重视程度

由于目前社会所需要的人才是应用型人才，所以能很好地把英语知识运用到实际工作中、运用到和外国友人的沟通中的人才受到各大企业的青睐。各大高校要提高对应用型英语的重视程度，注重对学生英语应用能力的培养。只有对学生的实际能力有足够的重视，才能进一步制订各种培养方案，在一定程度上促进学校教学方案的改革。

2.改变目前的教学模式

针对目前各大高校英语教学模式单调、老套的现状，应当促进教学模式的改革，寻找出一种符合我国高校英语教学的教学模式。只有合理的教学模式才能更好地提高高校英语教学质量。高校英语教学不能仅以学习课本知识为主，还要开设各种互动模式的课程，给学生提供更多提高自己英语应用能力的机会，多与外国友人沟通，在不断交流中学习英语。这不但能提高学生学习英语的兴趣，还能提高学生的英语应用能力。①

3.提高师资水平

教师是教学的发起人，所以良好的师资力量是高校教学水平的保障。为了提高高校的英语教学水平，各大高校要重视对师资的培养，不但要吸纳更优秀的教师前来教学，还要加大对各种教学设备的投入。陈旧的教学设备已经不能满足目前高校英语教学的要求，因此要注重教学设备的更新，做到与社会发展同步。与此同时，还要注重对教师的培训工作，提高教师的整体素质，如定期组织教师去优秀的学校学习英语教学新方法和新理念。

学生是祖国的栋梁，必须足够重视对他们的教育以及培养。好的教育方法能提高学生的英语应用能力，提高他们与外国人的交流水平。虽然目前我国高校的英语教学存在一些问题和不足，但是只要认真分析、认真对待这些问题，合理将其解决，就能够使我国高校英语教学更加适合当今的社会。

二、英语教学的发展趋势

（一）现代英语教学的演变趋势

1.大纲设计

大纲设计涉及教学内容的选择、教学方法以及教学评估等内容。在传统英语教学中，教学内容的掌握是教学的最终目标，教学方法仅仅是实现教学目标的路径。大纲设计者应根据结构对语言项目进行归类，并寻求教授这些语言项目的方法。例如，在语法翻译法中，学习者的学习任务和目标主要包括掌握相关的时态、语态规则并识记一定数量的词汇，将所学的规则和词汇项目应用到翻译实践中等，课堂的教学内容与学习方法不是由学习者真实的应用目的决定的，这就导致学习者很难将课堂上所学的内容运用到实际交流中。随着交际型、以技能为基础的教学方法的出现，研究者意识到教学目标与教学过程是不可分割的有机整体，学习者必须通过一系列的交际活动才能达到相应的教学目标。大纲设计者需

① 彭奕.我国高校大学英语教学现状及改革探讨[J].现代交际，2017（03）：153.

要先确定学习者需要掌握的目的与技能，并寻求学习者达到这些技能的方法，将教学目标和教学过程逐步融合为不可分割的整体。

2.教学方法

传统的英语教学以教师讲授为主，教师是课堂教学的主体，决定着课堂的教学内容、教学方法、教学进度以及评估方式，而学生是课堂的被动接受者，在课堂上缺乏语言输出的机会。尽管学生花费了大量时间学习、掌握语言规则，却很难有效地将学到的语言知识恰当地运用到实践中。例如，在语法翻译法中，教师负责教授词汇、语法、课文分析等具体的语言项目，课堂主要围绕语言知识点的传授进行，学生缺乏通过合作、小组交流参与到课堂活动中的机会，无法成为课堂的主体。随着语言学习交际化理念的普及，英语课堂正逐渐由传统的教师主控转变为让学生大量接触语言信息并输出语言。教师逐步将权力移交给了学生，学生在教师的指导、帮助、协调和鼓励下通过小组讨论、角色扮演、辩论、对话等方式充分提高了自主合作能力和创新意识。学生逐渐成为课堂活动的中心，教师则转变为课堂的组织者、协调者和顾问。“教什么”“怎么教”“何时教”“如何评”均根据学生的实际情况来决定，“以学生为中心”的理念逐渐得到推广和实施。

3.学习者的角色

传统英语教学中，学生是被动的知识接受者，他们不知如何将所学的词汇和语法在真实的语境中进行创造性地使用，而是花费大量的时间背诵与模仿。例如，以操练为主的听说法将语言学习视为习惯形成的过程，忽视了学生通过接触而对语言进行的分析与归纳，最终使学习者完全成为语言的复制者，对于课堂之外的交际活动感到束手无策。随着人本主义思想的日益普及，目前的英语教学正鼓励学生充分发挥主观能动性和创造性，鼓励学生将所学的词汇和结构进行重组，生成新的表达。教师鼓励学生通过反复练习，接触和运用语言。课堂成为沟通课上和课后交际的桥梁，而不再是保护学习者免遭风险、杜绝错误、阻止其大胆交际的隔离站，学生正成为课堂真正的主体。

4.语言的处理

在传统的英语教学中，语法与词汇被看作独立的语言项目，学生不知道如何将其进行组合，形成语义网络，导致其将所学的语法形式与交际意义相脱离。例如，在语法翻译法中，教师要先向学生传授语法规则、讲解词汇，然后通过翻译练习巩固所学的语言知识。而听说教学将语言学习看作习惯形成的过程，语法规则通过学习者的领悟与归纳，而不是通过教授获得。尽管两种教学方法教授语法规则的顺序不同，但均将语言知识当作独立的语言项目，将语言的获取看作由简单到复杂的线性过程。实际上，学生并不是一次性地将某一语言项目完美地获取，他们可以同时习得多个复杂的语言项目，并且通过重组、假设、验证等一系列复杂的、非线性的过程加深其理解。传统的英语教学使学生无法将所学的语法规则应用到真实交际中。目前的英语教学中，学者们呼吁教师将语法规则与特定的交际情境相关联，使学生弄清形式与意义的关系，在真实的语境中学会选择适当的表达。

5.教学材料

传统英语教学中，语言材料是教材编写者为了教授某一特定的语法知识或词汇项目而设计的。由于脱离了真实语境，这些内容在实际交际中鲜为使用，不利于培养学生的语感意识和能力。而目前的英语教学提倡使用真实的以篇章、任务为基础的语言材料进行语言教学，学生使用来自电视、报纸、杂志、广播中的真实材料培养自己的听、说、读、写能力，由于这些语言材料来源于真实的语境，与人们的日常生活密切相关，因而大大提高了学生的实际语言运用能力。

6.学习设备

传统的英语教学中，教材是学生语言学习的主要工具。由于条件所限，这些课本通常没有配备相应的视频辅助材料，很容易使学生产生厌倦情绪。随着网络等技术的发展，学生可以通过网络下载相应的文件，并且与英语本族语者通过网络直接沟通交流，大大提高了其听说能力和跨文化交际意识。另外，目前的纸质课本大多附有供学生自主学习的光盘，图文并茂，提高了学生的学习效率，大大激发了其学习英语的积极性。

7.学习方法

在传统英语教学中，学生的主要学习目标是完成教学大纲所规定的教学项目。在语法翻译法中，教师要求学生识记大量的词汇和语法规则，而学生的主要任务就是通过不断的练习掌握要求的语言项目。然而他们不知道如何巧妙地使用学习策略完成学习任务，而学习策略是学生提高学习效率、提高自主学习能力的重要保障。目前的英语教学鼓励教师不仅要教授语言内容，而且要注重学习策略的传授，正如“授人以鱼，不如授人以渔”。教师在教学过程中要有意识地教授学生如何通过略读、扫读等策略抓住课文的关键信息，如何根据语义场景更加高效地记忆词汇，最终使学生可以创造性地使用语言，并且使用元认知策略对自己的学习过程进行监控和评估，以更好地提高学习效率。

8.课堂组织与课外活动

在传统英语教学中，课堂是学生进行语言技能训练的唯一场所，教师是课堂的绝对支配者，学生是语言知识的被动接受者，这种单一的教学模式极大地限制了学生进行课堂小组活动的机会。在这种教师掌控课堂的教学环境下，学生无法自由表达自己的观点，也没有机会通过小组讨论进行意见协商，语言输出受到了限制，学习的积极性和创新性也受到了很大的影响。目前的英语教学呼吁教师将主动权逐渐移交给学生，让学生成为课堂的主体，教师作为课堂的协助者、评价者与监控者，指导和鼓励学生积极参与到各种小组活动中，通过交流合作培养其创新性、自主性、参与性与积极性，词汇和语法知识的讲解不再成为课堂的主要内容，课堂活动成为课堂的主线。另外，随着自主学习理念的逐步推广，目前的英语教学鼓励学生将课堂活动与课外活动有机结合，在课外通过实践参与激活和巩固原有的语言知识，不断提高自主学习意识和学习效率。

9.测试评估

传统的英语测试只注重结果，不注重过程，由于标准化测试的内容是由学校等官方统一命题和评阅的，任课教师往往无权干涉，导致学生学习的内容与测试的内容出现脱节，学生对于自己所学过的知识并没有完全理解。目前的英语教学主张将结果性评估与过程性评估相结合，教师系统地教授学生如何评估自己的学习行为，自我评估能使学生及时了解自身的收获与不足，进而及时做出改进。

（二）英语教学的演变趋势对我国英语教学的启示

尽管传统的英语教学存在重结果轻过程、重形式轻意义、重教师轻学生等一系列弊端，但是，英语教学是一个极为复杂的过程，涉及教学目标、教学环境、教学阶段、学生特征等诸多因素。传统教学法虽然存在诸多弊端，但其在提高学生语言准确性方面仍发挥着不可低估的作用，不能全盘否定。

1.择优选择教学法

根据具体的教学目标、教学内容、学生的学习发展阶段，择优选择教学法。

首先，教师要根据不同的教学内容，有意识地在各种教学方法之间进行转换。例如，在进行词汇与语法教学时，教师可适当使用语法翻译法，以提高学生语言的准确性；但在讲解课文的过程中，教师要及时切换教学方法，不要一味将重点放在句子意义的讲解和翻译上，要将社会文化知识与语言知识进行有机结合，使学生在提高语言能力的同时增强其文化意识。教师可适时将交际教学法融入各单元的主题中，以提高学生的社会文化意识、语言应用能力、策略能力和交际能力。

其次，教师要根据不同的学习阶段，选择适当的教学方法。例如，在学习的初级阶段，教师可以使用语法翻译法着重培养学习者的读写技能，而在中级阶段，学习者已经掌握了基本语法、词汇量，有了一定的阅读能力，可针对其口语能力弱的问题，适度将重点从语言形式转移到语言意义上，采取交际教学法重点培养学生在不同语境中运用语言进行交际的能力。到了高级阶段，应以人为本，充分发挥学生的积极性和团队协作精神，借鉴任务型语言教学以任务为载体、以合作为原则、以小组活动为主要形式的教学理念，通过指导学生完成任务，以更好地激发其学习动机，培养其积极性、主动性与创造性。另外，也可以根据不同的课型或课程特征选择不同的教学方法。如针对多数中国学生听力环节薄弱、听力教材枯燥单调的现状，在听力课中可以引入情境教学，图文并茂的教学方式不仅有助于学生的理解，也可以提高其学习积极性，使学生不仅愿意学，而且容易学。

2.更新传统的教材体系

更新传统的教材体系使教材更好地为培养学生的交际目的服务。

作为课堂教学的基础，教材的编写原则直接影响教师对教学方法、教学内容的选择以及最终的教学效果。教材的编写应注重题材的多样性、材料的真实性与趣味性以及学习者的参与性，使学习过程变得更加生动有趣，避免出现昔日课堂教学围绕教材进行应试培训的局面，以提高学生语言交际能力为根本。

3.情感态度是影响学习者学习和发展的重要因素

美国著名语言教育家斯蒂申·克拉申在其情感过滤假设理论中提出，学生需要积极、乐观的情感来促进语言学习。自信、学习动机强的学生往往掌握语言的速度更快。如果教师在教学过程中一味给学生指出各种错误，尤其是语言形式方面的错误，势必使学生产生挫败心理和厌学情绪，从长远来看会影响其语言学习的热情和效果。在教学过程中，教师需注重培养学习者的学习热情与积极性，缓解其焦虑情绪。教师不必有错必究，要适度包容学生的语言错误，鼓励学生大胆练习，勇于创新，仅对影响表达意义的关键部分或可能导致交际障碍的语言错误进行委婉、有技巧的纠正，将重点放在流利度而非准确度上，在提高流利度的基础上逐渐提高其准确度，最终提高课堂教学效率。

4.改革传统的测试评估体系

对传统的测试评估体系进行改革有助于摆脱传统测试对教学内容的束缚与指挥以及对提高学生语言交际能力的不利作用。测试是评价教师教学效果以及学生语言熟练度的重要标准，基于测试的重要性，英语教师“为考试而教”的情况短期内无法改变。从某一程度上来看，测试支配着课堂教学的内容。基于测试对课堂教学的影响，广大一线英语教学者与测试者应加强沟通与交流，使测试能有效指导、促进英语教学。测试评估时可适度增加对学生听说两部分语言能力的测试力度，促使教师将教学内容的重点由语言形式逐渐转移到培养学生的综合语言运用能力上来，并通过提高学生综合语言水平进一步推动测试体系的发展与完善。

5.坚持“以学生为中心”的理念

教师在课堂中发挥着至关重要的作用，但教师应将权力适当移交给学生，鼓励学生通过体验、参与和实践实现英语学习的交际目标，培养其合作精神、自主学习意识和策略意识，以更好地激发学生的学习动机，形成积极乐观的学习态度，最终促进其实际运用能力的提高。英语教学是一个复杂的过程，受教学对象、教学目标、教学环境、学习者的学习阶段等诸多因素的制约。在教学的过程中，教师不必拘泥于某一特定的教学方法，而是应该及时更新教学理念，对原有教学方法辩证看待，取其精华，去其糟粕，博采众家之长，根据实际情况对各种教学方法进行优化选择和综合运用，以最大限度地提高课堂教学效率，促进学习者提高英语水平。

（三）英语教学基本思路的转变

什么才是一堂好的英语课？每位教师可能会有不同的答案，甚至大相径庭，下列一些因素是普遍性的，它们已经被大多数教师和教研工作者所认可：学生对所给的语言材料掌握透彻；学生始终保持注意力集中；学生在学习过程中使用英语；学生喜欢这一节课，有学习积极性；学生在整个学习过程中始终是活跃的；课堂教学应当是按计划进行的：在整个学习过程中语言总是被用来交流和沟通的。细心观察不难发现，一节英语课要想取得良好效果，必须做到以下三点：一是学生要有高度的积极性和参与性；二是教师要按计划地使学生熟悉语言材料；三是在课堂上要进行模拟真实的语言交际的行为。这即被称为课堂教学三要素“ESA”，分别代表Engage（激发兴趣），Study（语言学习），Activate（交际运用），下面分别解释。

第一个要素是激发兴趣。上英语课时有些人容易注意力不集中，这是因为他们对所学的内容不感兴趣，没有把感情投入学习中去。如果教师能采取一种方式来激发他们，或给他们制造某种挑战，学生的参与积极性就会大增。激发学生兴趣的方法很多，可根据学生的年龄和客观条件采取不同的方式。总的来说，可以通过做游戏、唱歌、讨论、讲故事、用实物或多媒体展示等方式调动学生的积极性。

第二个要素是语言学习，根据我国目前英语教学的现状，我们不能完全摒弃传统教学方法。语言学习所涉及的范围较广，从最基本的发音、词汇、语法规则到语言的深层含义以及语言风格等都是语言学习的内容。教学过程中，教师必须坚持让学生进行语言知识的训练，使他们积累丰富的语言知识。

英语课堂的第三个要素即交际运用，要求学生在教师的指导下用所学的语言尽可能多地进行模拟真实交际。交际运用可以采取很多不同的方式，如角色扮演、讨论、描述、做设计、做采访、讲故事、写作，等等。

第二章 英语教学理念改革新思维

英语教学理念不仅体现了一定历史时期国家和社会对英语教学的要求，也推动着当前英语教学的发展。对英语教学理念的厘清，有助于改变当前英语教学改革的现状，反思我国当前英语教学中存在的问题，从而更好地推动英语教学改革。本章就对这一问题展开具体分析和探讨。

第一节 以学生为中心开展教学

我国的英语教学通常以传统讲授方式为主，教师是教学的中心，而学生则只是机械、被动地接受知识，学生真正的学习和发展需求常常被忽视，这对英语教学效果的提高极为不利。教师应转变传统的教学模式，使教学的中心由教师转向学生，以学生为主体，使学生的主动性得到充分的发挥，从而提高学习和教学的效果。

一、以学生为中心的内涵

以学生为中心是一种更注重学生在学习和发展过程中的主体性、潜力，尊重学生的个体差异与需求的教育理念和价值取向。以学生为中心的教育理念认为，教育应顺从学生的天性，激发学生对学习的兴趣，调动学生学习的积极性和主动性，使他们充分发挥各自的潜力，从而提高学生的学习效果，促进学生全面发展。

秉承以学生为中心的理念和价值的教学即为以学生为中心的教学。充分考虑并尊重学生的特征与需求，准确、全面地了解和把握相关的学习规律和需求是以学生为中心的教学开展的基础。

需要注意的是，虽然以学生为中心的教学应尽可能使每位学生的主体性得到充分发挥，学生的潜能得到发掘，但是由于很多学校的教学是依据一定的计划进行的，教学成本也是有限的，因此“时间、资金、物质、人力等各方面教育成本的限制使得以学生为中心的很多教学实践为获得最大的效率和效益而在成本、规模和每个学生的发展与需求之间寻求一个最佳的平衡点”。[①]由此可见，在判断某一教学实践是否做到以学生为中心时，不能以统一的外显指标为依据，而是应该分析其是否以“以学生为中心”这一理念为价值取向，教师是否做到了使更多的学生积极参与到学习中去，学生通过种种学习行为是否完成了学习任务并获得身心发展。

以学生为中心的教学并不意味着所有的教学因素都是由学生决定，对学生需求的尊重也并不意味着满足学生的一切需求，让学生主动地学习和发展也不意味着任由学生根据自己的意愿学习。以学生为中心的教学也应时刻意识到，为社会培养人才是教学的重要目标之一，同时教学需要制订科学、合理的人才培养计划。以学生为中心的教学一方面要做到尊重学生的需求、符合学生的身心发展规律，另一方面还要对社会对人才的能力需求加以分析、整合，依据合理的教学计划进行教学实践活动。

以学生为中心的教学对学生学习主动性的重视并不代表对教师在教学中作用的否认或弱化。相反，在以学生为中心的教学中，教师的作用会显得更加重要，学生学习的主动性、投入性以及学习效率等在很大程度上都是由教师的指导、引导、组织等工作决定的。这也对教师提出了更高的要求，教师应时刻反思自己的教学是否激发了学生的学习兴趣，学生是否主动地进行学习，教学活动能否挖掘学生的潜能，学生能否达到预期的目标，等等。以学生为中心的教学要求教师依据学生的需求来设置学习目标，在学生学习过程中鼓励、帮助学生，培养学生的学习责任感。

---

① 李爽，陈丽.以学生为中心的教学原理与实践指南[M].北京：中央广播电视大学出版社，2011：42.

二、以学生为中心的特征

与传统教学相比，以学生为中心的教学具有其自身鲜明的特征。下面就从不同层面对以学生为中心的教学特征进行详细分析。

（一）就学生的表现而言

在一个以学生为中心的课堂上，学生的表现主要包括以下几个方面。

1.学生能够保持持续的注意力

以学生为中心的教学一个重要特征就是，学生可以保持持续的注意力。在课堂中，学生往往将注意力集中在学习上，对教师所讲授的内容充满好奇与兴趣，他们会认真聆听教师的讲解，主动与其他学生进行沟通、交流，同时还会不停地做出相关的学习反馈。

2.学生能与教师、同伴进行积极的交流与互动

在以学生为中心的课堂上，当教师提问时，学生能对问题进行积极思考，并且能踊跃回答，表达自己的观点；当需要学生上台展示时，他们也能积极地响应；当同伴之间进行交流或小组讨论时，学生乐于分享，与同伴互相交流各自的想法，并对同伴的问题做出反馈；当需要完成小组任务时，小组成员都会积极、主动、充满责任感，并能很好地完成任务。

3.学生积极参与学习活动

学生积极参与学习活动是以学生为中心教学的重要表现之一。在以学生为中心的课堂中，学生都有很强的学习积极性，他们会主动地参与到丰富多彩的学习活动中去，如回答教师的提问、小组学习、自主学习、课堂讨论，等等。

（二）就教师的表现而言

在以学生为中心的课堂上，教师通常有如下表现。

1.能经常鼓励学生，并引导学生要相互尊重

在以学生为中心的课堂上，教师往往会更多地鼓励学生积极参与课堂教学活动，鼓励他们积极发言，多与同伴进行交流，激发他们对学习的兴趣。此外，以学生为中心的教师能够引导学生互相尊重与肯定。

2.能够有效调控学习活动的开展

在以学生为中心的课堂上，教师能够对学习活动进行有效的调控，具体表现为以下两个方面。

（1）保证学习活动能围绕学习目标而展开。在以学生为中心的课堂上，为了使学习活动围绕学习目标而展开，教师提供一些工具，如记录单、表格等，为学生搭建合适的“脚手架”，使学生逐步进行学习，最终完成学习任务。在学习活动的开展过程中，教师会认真聆听学生的讨论，如果学生在讨论中遇到冲突，教师会适时地加以引导，帮助他们解决冲突；如果学生没有思路，教师会提供一些思路，让学生进行讨论；如果学生开始游离于学习活动之外，教师会及时进行提醒，让学生的讨论继续。

（2）保障学习过程有序开展。在以学生为中心的课堂上，教师往往能够使教学有序进行。在组织课堂教学时，教师能依据自己的计划，逐步实施，达到预期的教学效果。需要注意的是，有时也会出现一些突发的教学事件，但是教师往往能够灵活地调整学习活动，适时地对学生进行引导，最终达到学习目标。此外，教师还能对课堂纪律进行有效控制，从而保障学习活动顺利开展。

3.能根据学生反应灵活调整教学

在英语教学过程中，经常会出现一些突发状况，学生的反应有时会与教师制订的教学计划不符，这时以学生为中心的教师能根据学生的状态灵活地调整教学，以便顺应课堂变化。在以学生为中心的课堂上，教师好像一台监视器，能够监测学生的细微变化，能够根据学生的表情或动作来判断学生是否遇到了困难。总之，他们在教学过程中会认真观察学生的反应，留意学生在情绪或行为上的变化，然后及时调整教学思路。

4.能够给学生提供明确的、合理的反馈

在以学生为中心的课堂上，面对学生的一些问题或疑问，教师往往能够仔细倾听，认真对待，并能给学生提供明确的、合理的反馈。如果有些问题在课堂上没有时间解决，或不能及时解决，教师会先告知学生，并在课后与学生进行交流。

（三）就课堂环境而言

在以学生为中心的课堂上，课堂环境对学生的自主学习和合作探究都具有重要的意义。其特征主要包括以下两点。

1.物理硬件环境的布置使学生产生主人翁意识

在以学生为中心的课堂上，桌椅往往以圆桌的形式进行摆放，学生可以围成一圈，互相交流信息，有利于学生的共享与合作，从而更好地完成学习活动。此外，其他一些教室环境布置也体现了以学生为中心。例如，一些班级在教室里配备了计算机设置，学生如有需要，可以通过计算机查询信息。

除此之外，一些教师充分发挥计算机的作用，为学生搭建了网络交流平台。网络交流平台可以用于展示作业，也可以用于学生的课外交流，拓宽了学生交流的空间。

上述环境都使学生成为学习的主体，对学生学习兴趣的激发十分有利。

2.丰富的学习资源和学习工具有利于促进学生的学习

在以学生为中心的课堂上，教师往往会提供丰富多彩的学习资源与学习工具，教师引导学生了解其使用目的和使用方法，让学生借助这些学习资源和学习工具来顺利地完成学习任务。

教师可以充分发挥多媒体的作用，将教学内容形象地展示给学生，通过动画展示，让学生更好地认识一些动态的原理，这不仅有利于激发学生的学习兴趣，调动学生学习的积极性，同时还节省了很多时间，有利于提高教学效率。

三、如何以学生为中心开展教学

学生是课堂学习的主体，主体就是“有认识和实践能力的人”。由此可知，学生能够作为学习的主体，是因为他们具有一定的认识和实践能力。在英语教学中，教师要让学生通过感官获取来自教材的各种信息，并学会对这些信息进行比较、分析、综合、概括，进行去粗取精、去伪存真、由表及里、由此及彼的思考，抓住事物的本质，发现事物内在的联系，从而归纳出事物的规律，确立科学的知识系统。经过这一过程，学生不仅学习了英语知识，培养了英语交际能力，而且可以在学习过程中培养出自主和独立学习的能力，学会独立解决新问题。可见，学生学习的过程就是不断主动丰富自己的主观世界、不断完善自己的内化过程。

（一）充分地尊重学生

教育的最高境界是以人为本。要真正做到以人为本，最重要的一点就是教师要尊重其教育对象，即尊重每一名学生。学会尊重是做人的基础，作为教师首先要学会尊重自己，尊重他人。教师必须尊重学生，没有尊重就没有教育。尊重是教育学生的切入点。从尊重出发，通过有针对性的教育，最终达到学生健康发展的目的。教师应该充分尊重学生。教师充分尊重学生有着非常丰富的内涵，下面就来详细阐述教师应当如何尊重学生。

1.尊重学生的个性发展

我国当前的教育教学对学生的素质教育是十分关注的，而素质教育和学生的个性发展有着紧密的联系，两者是相互依赖、相辅相成的。在英语教学过程中，教师必须重视个性化教学对素质教育的意义，同时加强学生思想品德的培养，提升学生的综合素养。

在英语教学中，教师尊重学生的个性发展主要受以下两点原因的影响。

（1）个性是素质教育的重要出发点。随着现代化进程的加快，社会不同领域需要各种人才，因此在相同的教育制度下培养不同品质的人才成为教育的重点。很明显，传统的教育理念是行不通的，只有将学生的个性作为出发点，实施个性化教学，才能培养出学有所长的人才。换句话说，素质教育要求对学生的个性特征和主动精神予以尊重，开发学生的智力，培养学生健全的个性，只有这样才能适应不断发展的社会要求，也才能培养出有理想、有道德、有文化、有纪律的全面发展型人才。

（2）个性倾向性影响个体的素质发展。个性倾向性是推动人们进行活动的内部驱动力，也是个性发展最活跃的部分，它决定着学生个体想做什么或者想追求什么。可以说，人对外界的态度、对外界的认知往往是由人的个性倾向性决定的。个性倾向性主要包含动机、兴趣、爱好、需求、态度、信仰、理想，等等。这些因素都会对个体素质的发展产生重大影响。

首先，理想和信念对素质发展的影响。理想和信念是人不断发展和前进的精神动力，无论是对工作、学习还是生活都起着重要的激励作用。科学的、坚定的理想和信念往往可以推动人们积极地、满腔热情地投入想要追求的事业中去，也更有可能取得重大成就。可以说，理想和信念是人生的推动器。

其次，需求和动机对个体素质发展的影响。心理学家认为，需求和动机是一种刺激，有了需求和动机，学生才会付诸行动。需求和动机在个体的素质发展中具有引发和强化行动的功能。

最后，兴趣和爱好对个体素质发展的影响。兴趣和爱好可以激发个体的求知欲。人们通常会对感兴趣的事物产生探索和求知的欲望，这一欲望驱使他们主动地去寻求答案。相关调查结果显示，一名学生对不同的学科有着不同的兴趣，不同学科的成绩也相差很大，感兴趣的学科的成绩一般比较理想。由此可见，兴趣和爱好是学生学习的内在动力，重视学生的兴趣和爱好有利于提高教学效果，培养学生的学习积极性和创新精神。

2.尊重学生的主体地位

在英语教学中，学生占据主体的地位。教师应该以学生为中心，尊重学生的主体地位，只有这样才能突出学生的主体地位，充分发挥学生的主体作用，提高学生英语学习的积极性和主动性，从而有效地提高英语教学效果。

教师在英语教学中充分尊重学生的主体地位理念主要有三方面的含义。

（1）英语教学工作的设置和计划都要以学生为中心，在选择教材上也要充分考虑学生的兴趣爱好、心理素质，等等。

（2）英语教学环节的设计要考虑学生的实际需求，课堂中穿插的活动也要以学生为中心。

（3）帮助学生认识并确立自身的主体地位。这就要求教师在日常的教学过程中，注重培养学生自我管理、自主学习的能力，引导学生积极主动地参与教学活动，并养成独立思考问题的习惯。

综上所述，尊重学生的主体地位对于实施个性化教学非常重要。教师不仅要注重不同学生的差异性，还要将不同学生的自主精神发挥出来，才能帮助学生提高自身的素质。

3.尊重学生的自尊心

自尊心是任何人类行为中最有渗透性的方面，对人类行为具有十分重要的影响。甚至可以说，一个人没有一定程度的自尊心、自信心和对自己的了解，就无法进行任何成功的认知和情感活动。

就英语教学而言，学生的学习效率和效果受到自尊心的重要影响，而学生的自尊心很大程度上来源于教师对学生的尊重。每个教师都有责任尊重学生的自尊心，即使学生身上有各种各样的缺点，也不应表现出忽视或轻视的态度，而应多关注学生身上的闪光点，并予以肯定，这样才能帮助学生更好地进步。

（二）培养学生的综合运用能力

对于语言综合运用能力的内涵，教育领域并没有提出十分明确、清晰的阐释，但是我们可以借助英语教学目标的阐述理解语言综合运用能力的内涵。

我国英语教学的目标是培养学生语言的综合运用能力。我国对小学、初中、高中、大学这四个不同学习阶段提出了不尽相同的、具有层次性的英语教学目标。但无论是哪一个阶段的目标，都是建立在语言技能、语言知识、情感素质、学习策略以及文化意识等素质整合发展的基础之上的，也就是说要发展学生综合的语言运用能力。然而，不少英语教师在实际教学中仍然把英语课作为纯知识课，过分注重语音、词汇等英语知识的教学，而忽视了语言运用能力的训练，甚至连对话教学也成了纯句型教学。许多学生被一些语法规则纠缠，无法体会英语学习的趣味，甚至对英语学习有厌恶感、恐惧感，这些都给学生英语综合运用能力的培养和提高带来了很大的障碍。

学生语言综合运用能力的内涵应该包括知识、技能、学习策略、情感态度以及文化意识五个方面，即学生既要掌握一定的语言知识、语言技能，又要掌握一定的语言学习策略，甚至可以用到其他学科的学习策略，此外还要具备一定的情感态度以及文化意识。

1.着眼于学生的全面发展

根据学生语言综合运用能力的内涵可知，学生语言综合运用能力的培养包括知识、技能、学习策略、情感态度和文化意识五个方面。由此可见，语言综合运用能力不仅仅是英语知识的学习、英语技能的培养，还要求学生在学习策略、情感态度以及文化意识方面取得进步和发展。简言之，学生语言综合运用能力要求学生全面发展。在培养学生语言综合应用能力时，教师要着眼于学生的全面发展。

英语教学的首要定位就是人的教育，因此英语教学不应该只局限于语言知识的传授与语言技能的培养，而应该关注学生的全面发展。也就是说，在英语教学中教师不应仅把帮助学生掌握英语知识放在首位，忽视学生的精神世界，而应该有着人本主义，充分发挥学生的主体作用，帮助学生培养良好的社会责任感、严谨的治学态度、积极的情感等，注重学生的全面发展，为学生的终身学习打下良好基础。

随着知识经济时代的到来，知识更新不断加快，同时全球一体化扩大了人们的人际交往范围，对人们的交际能力提出了要求，对人们的综合素质也提出了更高的要求。只有具备了良好的素质，能够灵活运用所掌握的知识解决各种问题，才能在这千变万化的社会中生存发展。

教师在英语教学中要着眼于学生的全面发展，要注意激发学生对英语学习的兴致，培养学生的学习兴趣，帮助学生树立自信心，形成有效的学习策略，养成良好的学习习惯。

（1）教师应该相信，每个学生都蕴藏着极大的学习潜能。每一名学生都有丰富而独特的内心世界，每一个学生都具有自己的独特个性，学生之间是有差异的。与过去的学生相比，今天的学生在很多方面更具独立性，他们在许多问题上的思考都有独特性。要培养学生语言的综合运用能力，英语教师首先应该成为学生的朋友，与学生平等相处，只有这样学生才会相信教师，才会愿意与教师沟通，愿意向教师倾诉内心的想法；也只有这样教师才可以了解学生的内心世界，才能更好地帮助发掘学生的潜能，从而使英语教学取得更好的教学效果。同时，由于学生之间是有差异的，教师应该根据学生在英语学习中表现出来的不同学习特征做到因材施教，在教学中采用不同的对策，提供差异化的、切合学生实际的学习指导，给每个学生提供平等的学习机会。总之，教师只有了解学生独特的内心世界，了解学生的个性差异，才能在英语教学中为每一名学生创造表现自己的活动环境与活动机会，使每一名学生都积极地参与到教学活动中来，让学生在学习活动中发展学习能动性、创造性、自主性和独特性，充分发挥学生的主体作用。

（2）教师要在英语教学中创造和谐的课堂教学气氛，尊重、爱护学生，实行情感教学，注意与学生之间的情感交流。教学是人的交际过程，这个过程是否有效取决于课堂气氛是否和谐。可以说，和谐的课堂交际气氛在某种意义上比好的教学方法更重要，而和谐的课堂气氛是实行情感教学的最关键之处。为了创造和谐的课堂教学氛围，实施情感教育，教师在教学中要本着人本主义，引导学生多使用英语，对学生所犯的错误不必有错必纠；教师自己要始终保持乐观向上的精神状态，对教学、学生都要有满腔热情，以引起学生的积极情感；尽可能让不同的学生在学习过程中获得乐趣，获得满足感与成就感。和谐的课堂教学气氛有助于学生取得进步和发展，当学生在课堂学习中能不断收获自己学习的成果时，他们的学习兴趣与积极性就会与日俱增，而这种学习兴趣以及积极性会反过来有助于和谐的课堂氛围的形成。

2.以掌握语言技能为主要目的

学生学习语言是为了使用这种语言进行交流，而使用语言进行交流必须通过一定的语言技能，因此掌握语言技能是英语学习的主要目的。语言技能包括听、说、读、写四个方面的技能以及这四种技能的综合运用能力。在这些技能中，听和读是说和写的前提和基础，而四种技能的综合运用能力是重中之重。在语言教学中应以语言输入为先，也就是说语言的输入是语言输出的基础，表达技能必须以吸收技能为前提，一个人的语言运用能力必须在吸收信息与输出信息的交际过程中得到提高。听与读是吸收信息的主要途径，而说和写则是输出信息的主要途径，因此，教师在英语教学中一定要引导学生通过大量的听、说、读、写的实践使学生掌握语言技能，提高综合运用英语的能力。

3.不可忽视语言基础知识

以掌握语言技能为英语学习的主要目的，并不意味着教师和学生在英语教学中可以忽视语言基础知识的教学。实际上，要培养学生语言的综合运用能力，必要的语言基础知识学习是不可缺少的。我们前面曾经提到，英语教学必须以输入优先。语言基础知识是发展语言技能的重要方面，是语言能力的有机组成部分，是形成能力的基础，因此学习英语语言基础知识是必要的。当然，在英语教学中也不能过分重视英语语言知识的学习而忽视技能的培养。总之，要培养学生语言的综合运用能力，既不能把学习语言基础知识作为课堂教学的唯一目的，也不能为了培养学生运用英语的能力完全否定语言基础知识的学习。

4.注重学习策略的培养

由于学生英语综合运用能力的培养与其学习策略有关，因此教师在培养学生语言综合运用能力时还要重视对学生学习策略的培养。教师在教学过程中还需要指导学生根据自己的个性、学习特征等，探究正确的英语学习方法，寻找并培养正确的、适合自己的英语学习策略。我们提倡教学要以学生发展为本，要对学生授之以渔，实际上就是提出要教给学生英语学习策略。掌握正确的学习策略，可以提高英语学习效率，收到事半功倍的学习效果。而好的学习效率又可以提高学生对英语学习的兴趣与热情，提高课堂教学效率。

5.重视学生的心理因素

教师在英语教学中一定要重视学生的心理因素，这是因为学生的学习效果与其心理因素有十分密切的关系。心理素质不仅是影响英语学习的重要因素，也是人发展的一个重要方面，学生的心理素质对他们运用语言能力的高低有重要影响。学习动机是学生学习英语的首要心理因素，而对英语学习的态度、兴趣和情绪则是促使学生产生英语学习动机的最核心因素。

在基础英语教学中教师应该想方设法激发学生对英语学习的兴趣，提高学生对英语学习的热情，激发学生对英语学习的动机。学生只有对英语有了学习动机、有了兴趣、有了积极的情感，才会积极主动参与课堂活动，积极配合教师的课堂教学，才可能对英语学习保有持之以恒的热情与动力，形成良好的学习习惯与求学精神，从而有利于其语言综合运用能力的培养。

（三）注重培养学生的思辨思维

在全球化趋势之下，世界各国之间的交际活动日益密切，国家之间的文化交流越来越多，我们不应用自己的文化、道德、价值观的标准去衡量和评价，或者拒绝其他民族的文化，也不应盲目模仿、追随其他民族的文化，而应以公正、宽容的态度对待其他文化，并坚持自己民族的优秀文化。基础英语教学中教师除了要帮助学生学习和了解世界文化，引导学生尊重和理解世界文化以外，还需要促进学生了解本国文化、反思本国文化，发展学生的思辨思维。

美国人类学家兼语言学家萨丕尔（Sapir）及其弟子沃尔夫（Whorf）提出著名的萨丕尔–沃尔夫假说（The Sapir–Whorf Hypothesis）。该假说认为，语言结构与思维机构关系密切，人类的认识必然受到其所使用的语言的影响。语言的形式决定了使用这一语言的人们对外界的看法；语言如何描写世界，其使用者就如何观察世界；由于语言的不同，世界各民族对整个世界的认识和分析也不同。

目前，在我国的英语教学中，一二年级重点教授英语基础知识，培养学生的基本技能、正确的学习方法和良好的学习习惯；三四年级在巩固基本功的同时学习英语专业知识，扩大知识面，增加对文化差异的理解。从认知的角度来看，我国大学阶段英语专业学生的认知程度要高于其学习内容所要求的认知程度，因此其学习内容对其思辨能力缺乏应有的挑战，不利于学生思辨思维的培养。另外，当前英语教学中大量使用模仿、记忆、重述的机械练习法，无法培养学生分析、推理和评价的能力，造成学生的思辨空间有限，训练不够，无法有效培养学生的思辨思维。对此，我们不妨借鉴西方学者的研究视角，通过西方文化认知观念来改变我们传统的英语教学观念和教学方法。

我国文化强调感性思维和集体主义价值观，而西方文化更强调理性思维、个人的追求和发展。西方学者更加重视对事物的客观认识和对个人思辨能力的培养。安杰利（Angeli）和瓦兰金（Valanides）提出了四种提高学生思辨能力的教学方法：通用型（General）、混合型（Mixed）、灌输型（Infusion）和沉浸型（Immersion）。课堂教学中，角色扮演、口头报告、小组对话、分析文章、合作学习、项目研究、论文写作等课堂活动往往比选择题更加有助于提高学生的思维能力。因为它们使学生在发挥主观能动性的同时能够积极思考，运用批判性思维，最终对所研究、讨论的事物形成全面的、客观的、独特的、辩证的观点，有助于培养学生的思辨思维。教师在基础英语教学中，要运用角色扮演、口头报告、小组对话、分析文章、合作学习、项目研究、论文写作等多种方式进行教学，以提高学生的思辨思维。同时，由于语言是文化的载体，我国学生学习英语的过程也是学习英语文化的过程，而学习世界文化为学生打开了视野，给学生审视本国文化提供了良好的机会，使学生能够从多个角度看待本国文化以及目的语文化。在本国文化与外国文化的对比分析中，学生能够用新的视角去看待、考虑母语文化中的观点与现象，发现其中隐藏的文化内涵，并以多元文化的视角反思这些既定的价值观、信仰、行为方式。部分之前认为无可厚非的或者“天经地义”的观点在多元文化的视角下变得摇摇欲坠，部分新鲜的外国文化观念展现出其优越性。多元文化的碰撞促成了学生对本国文化乃至对外国文化的反思，并取其精华，去其糟粕，最终建立起属于自己的个人文化观念。只有广泛接触世界文化，了解世界文化的多样性，了解本国文化与其他文化的差别，学生个体的独特性才能得到自由的发展与充分的尊重，文化的繁荣昌盛才有可能实现。

第二节 激发学生的学习动机

一、学习动机的内涵

在英语学习过程中，人们经常把学习动机与英语学习联系起来。学生的学习动机强烈，说明他们的学习目标很明确，因此学习积极性很高，能够克服任何的学习困难，取得相当可观的成绩。相反，如果没有学习动机，成绩就会相当差。可以说，学习动机是学习成功的关键，因此教师需要激发学生的学习动机，保证教学的有效性。

我国学者文秋芳将学习英语的原因和目的看作英语学习的动机。①她的观点与梅德明和何兆熊的观点是相似的，他们认为学习动机是“学习者总的目标或方向”。

总结来说，外语学习动机应该包括以下三个方面。

（1）学习此外语的目标。

（2）在实现这一目标中所做的努力。

（3）所做努力的持久性。

二、学习动机的划分

对于学习动机的划分，不同学者也存在着差异。以下介绍几种常见的划分法。

（一）深层动机与表层动机

根据刺激–反应理论，文秋芳将学习动机划分为深层动机与表层动机两大类。前者指的是学习者为了满足自己的兴趣、增加知识等深层次的非物质层面的

① 文秋芳，王海啸.学习者因素与大学英语四级考试成绩的关系[J].外语教学与研究，1996（4）：33–39.

需要而刺激产生的动力；后者指的是为了获得高薪、文凭、好的工作等表面物质层面的需要而刺激产生的动力。

学习者的学习动机不同，他们的学习目标也不一样。深层动机的学习者往往是为了提高自身的语言知识，因此他们对英语有着较高的要求，英语学习的热情也非常饱满，采用的学习策略也更加全面、合理。表层动机的学习者一般时间有限，随着刺激的停止，动机也就相应停止了。而且，该类型的学习者一般较为懒惰，对英语学习的要求并不高。

（二）内在动机与外在动机

著名学者德西（Deci）将学习动机分为内在动机和外在动机两大类。前者指的是英语学习本身激发出学习者对英语学习的兴趣，使学习者能够保持英语学习的独立性；后者指的是受外在因素的影响，使学习者不得不学习外语。

一般来说，内在动机学习者往往不会受外界的干扰，且其主要涉及两个层面：一是英语本身所存在的趣味性；二是学习者对英语学习的态度。外在动机学习者往往是为了应对外界的刺激和压力，有着较大的强迫性。

（三）任务型动机与结果型动机

除了上述两类常见划分之外，还有学者将学习动机分为任务型动机与结果型动机。前者是指学习者通过经历不同的学习任务而激发出的学习乐趣；后者是指学习者已经完成了某一项特定的英语任务并取得了相应的成功，在成功的驱使下激发出的学习动力。

从定义中不难看出，前者与任务的发布者、任务的难易程度相关。但是无论是过难的任务还是过易的任务，对于学习者来说都会产生不利影响。后者是对成就认识的结果，意味着这个结果就是激发学习者动力的因素。

三、如何激发学生的学习动机

（一）遵守教学原则

教师在教学实践中首先要遵守一般性的教学原则，主要包括以下几点。

（1）首先注重培养学生的学习动机。

（2）尽可能增加自身和课堂对学生的吸引力。

（3）使用权威管理和社交策略。

（4）将课堂打造成为学生共同参与合作性学习活动的社区。

（5）教学的目的是使学生理解、欣赏和应用所学知识。

（6）重视学习动机中的期望和价值因素。

（二）树立学习信心

自信心表现为个体对自身的评价、态度和认识，对于外语学习有巨大的激励作用，是进步的基础和成功的动力。可以从以下几个方面树立学生的信心。

（1）教师制订切实可行的，能够促进学生学业进步的教学计划。

（2）帮助学生树立正确的学习目标，并认识到努力与成果之间的关联性。

（3）为水平较低的学生提供额外的帮助。

（4）帮助学生正确对待失败综合征。

（5）重视学习过程的评价和指导性的反馈。

（6）帮助水平低的学生树立有适当挑战性的目标。

（三）激发外在动机

外在动机是由学习者自身以外的环境，如家长、教师、学校或社会等给予的促使其进步的因素。由这些外部诱因引起的动机一般持续时间较短。

可以从以下几个方面激发学生的外在动机。

（1）表扬和鼓励学生学业上的进步。

（2）重视对学生的学习过程给予评价。

（3）引起学生对外语学习工具型价值的重视。

（4）提倡适当的、合理的竞争，并给每位学生提供平等的竞争机会。

（四）激发内在动机

激发学生的内在动机是教师应主要采取的教学策略，因为内在动机对学习过程的促进作用效应强而且持久。学习本身就能够使学生获得满足，能够始终保持较高的学习兴趣。教师可以从以下几个方面激发学生的内在动机。

（1）培养学生的自主学习能力。

（2）关注学生的能力需求，在设计教学活动时，提供训练多种技能的有特色的、有意义的任务。

（3）关注学生的归属需求，多设计一些合作型任务。

（4）以符合学生的兴趣为教学活动设计的前提。

（5）在教学活动中培养学生的动手、动脑能力。

（五）满足个体需求

学生的个体差异是客观存在的，由于遗传因素、成长环境、社会环境等的不同，学生的兴趣、爱好、性格、能力、特长等方面都体现出了差异性，这些差异性的存在就决定了他们有不同的学习需求，教师可以从以下两个方面入手，最大限度满足学生的个体需求。

（1）尽可能满足学生的不同偏好。

（2）在满足学生个体需求时，如果学生的长远利益与当前的偏好发生冲突，则要服从长远利益。

（六）教师自身发展

教师作为学生学习动机的激励者，其自身的发展也是十分重要的。

（1）积累激发学生学习动机的知识和技能，提高自我效能感。

（2）提高元认知监控和自律能力，在处理问题时不急不躁。

（3）经常总结教学活动的得失，在反省中提高。

第三节　了解学生的学习风格

学习风格是教师了解学生学习行为的一项重要的、有效的工具。通过学习风格，教师可以充分了解学习者遇到的问题，从而帮助其有效地解决。教师对学生学习风格的肯定和尊重并且能够做到因材施教，不仅可以调动学生积极性，增强学生的灵活性，也可以提高学生自主学习能力。可见，在英语教学中，学习风格是一把利刃，但是学习者的学习风格存在着明显的差异，这就要求特别重视这点。

一、学习风格的内涵

学习风格是学习者在学习中表现出来的具有个性化的认知方式和处理信息的方式，带有整体性和稳定性的特征。①它常常不被学习者本身所感知。它同时受到了社会因素、家庭因素等外部因素和自身的性格、观念、语言水平、认知特征等内部因素的影响，是先天生理和后天发展共同作用的产物。

尽管学者们对“学习风格”的解释各有不同，但是分析其本质，又体现出了很多的相似点，大致表现为以下四个方面。

（1）强调学习者经常使用的或喜欢的学习方式或策略。

（2）强调学习风格的独特性和稳定性。

（3）认为学习风格具有可塑性。

（4）认为学习风格具有相对性。

学习风格是个性化的行为，是在长期的学习过程中逐渐形成的，很少会随教学方式或学习内容的改变而发生变化。但是，它并不是一成不变的，会受到外部因素和内部因素的影响。同时，学习风格没有好坏之分，也没有正确与错误之分，任何一种学习风格都可能会获得学业上的进步和成功。

关于学习风格的研究大概是从20世纪50年代开始的，“学习风格”这一概念最初是由美国学者哈伯特·塞伦（Herbert Thelen）于1954年提出的，一经提出便受到了众多学者的关注，并参与到对其的研究当中。

西方关于学习风格的研究大致可以分为三个阶段。

第一个阶段的早期研究大致从20世纪50年代中期到60年代末期。主要是从学习策略、学习方式和认知风格方面探究学习风格的特征。

第二个阶段的近期研究大致从20世纪70年代到90年代中期。这一阶段侧重于用科学实验的方法研究学习风格中的各种组成要素，从整体到部分，研究各部分对学习风格的影响。

第三个阶段的现代研究开始于20世纪90年代末期，将学习风格的研究与教学

① 谭顶良.学习风格论[M].南京：江苏教育出版社，1995：12.

实践相结合，对教师的“教”和学生的“学”有一定的指导作用。

随着个性化教学理论的盛行和人本主义教学理论的发展，我国学者也逐渐开始关注学习风格的研究，但是在目前阶段，这种研究还较少，并且多涉及理论和描述，实证研究较少，研究的深度和广度还有待进一步提高。

二、学习风格的划分

（一）按照感知方式来分

学习者在学习过程中必然会运用到感知方式，而不同的学习者，其自身的感知偏好不同。按照感知方式的不同，学习风格可以分为听觉型、视觉型及动觉型三类。

（1）听觉型是学习者运用耳朵学习的一种学习风格。通过听，学习者可以了解更多信息，因此对于教师的口头教学与听力教学有着重大意义。这一类型的学习者往往习惯于教师的口头传授，但不擅长书面表达。

（2）视觉型是学习者运用眼睛学习的一种学习风格。通过看，学习者就可以获取重要信息。视觉材料具有直观性，并可以在学习者的头脑中形成清晰的视觉形象。这一类型的学习者往往习惯于教师利用板书或者多媒体工具展开教学，而不习惯口头传授的形式。

（3）动觉型是学习者通过实践学习的一种学习风格。通过实践，学习者可以获取新的知识和信息。换句话说，这类学习者习惯于挑战性的活动，并愿意去执行计划，在亲身的实践中他们体会到无比的快乐。

（二）按照认知方式来分

认知方式是人们分析、组织、汇聚新信息、新经验的方式。不同学习者，其认知方式和思维方式必然存在明显差异。根据认知方式的不同，学习风格可以分为场依赖型与场独立型、整体型与细节型、左脑主导型与右脑主导型。

（1）以学习者对自身情况是否依赖划分为场依赖型与场独立型。两者其实属于截然不同的信息处理倾向。其中前者的学习者一般容易受外界干扰，需要依靠教师或者其他同学的帮助，习惯于从整体上进行思考，但不善于独立地思考和解决问题；后者的学习者一般不容易受外界干扰，也不需要教师和他人的帮助，习惯于从细节上进行思考，对遇到的问题善于独立地思考和解决。但不得不说的是，大多数的学习者都是介于这二者之间的。

（2）以学习者接受信息的方式划分为整体型与细节型。其中前者的学习者善于从全面、整体的角度来解决问题，具有较高的直觉性和模糊性，但准确性与深刻性较低。当这类学习者遇到困难时，他们往往寻求他人的帮助。后者的学习者善于对具体信息的把握和记忆，从细节上着手分析和思考，以精细的形式对具体信息进行理解。这类学习者习惯将遇到的问题切分成细节来加以理解，且善于发现不同实体间的差异性。

（3）以学习者处理左右脑信息的强弱划分为左脑主导型与右脑主导型。其中前者的学习者对信息的细节更加关注，擅长逻辑性分析，并能够取得较好的学习效果；后者的学习者习惯抓主旨大意，对自己的直觉十分确信，且具有很强的灵活性。

（三）按照个性特征来分

众所周知，不同的学习者，其个性必然存在差异。按照个性特征的不同，学习风格可以划分为外向型与内向型、直觉型与程序型及开放型与封闭型。

（1）外向型与内向型。一般情况下，前者的学习者性格外向，善于交往，兴趣也十分广泛。在课堂上，他们习惯于积极回答问题、参与讨论，等等。也就是说，一旦他们有接触英语的机会，他们就不会惧怕任何困难而表达自己的思想。后者的学习者性格内省，善于独处，兴趣也比较少。在课堂上，他们习惯于独立思考问题，不愿参与问题的讨论，等等。在面对学习问题时，他们往往比较惧怕。

（2）直觉型与程序型。一般情况下，前者的学习者善于发现事物，习惯于从推测或抽象思维的视角来发现事物的规律。后者的学习者善于按部就班，习惯于从传统记忆的角度来对事物进行发现，严格按照指令做事。

（3）开放型与封闭型。一般情况下，前者的学习者善于收集和总结外部的信息，但是并不急迫下结论，而是当他们收集足够的资料之后才会做出结论。此类型的学习者习惯顺其自然，不受实践和规则的限制，属于发现式的学习。后者的学习者习惯于制订计划，在规定的期限内做出结论，完成任务。此类型学习者不能接受模糊式学习，希望能够得到明确的指令和解释。

三、如何充分了解学生的学习风格

学习风格影响着学生的学习活动，进而也影响着整个教学行为。教师要充分重视学生的学习风格特征，采取不同的教学方法。教师应该如何充分了解学生的学习风格呢，具体来说要做到如下几点。

（一）树立专业化的素养

教师的专业素养是充分了解学生学习风格差异的前提。学生的学习兴趣与教师的人格魅力和知识素养有很大的关系。

首先，教师要博览群书，关注时事，在课堂教学中旁征博引，吸引学生的学习兴趣。同时，教师本身还对学生有示范性的作用，学生在教师的影响和熏陶下，也会逐渐养成阅读的好习惯。

其次，教师应掌握系统的教学理论知识，其中包括现代语言知识、外语习得理论知识和外语教学法知识在内的英语教学理论知识，还要了解教育学、心理学理论。此外，教师还应具有科学的英语教学观。学生、教师和英语是其三要素，学生是教学的主体，英语是教学的客体，教师是连接主体与客体的媒介，承担着帮助学生学习英语的责任。

再次，具备全面的教学能力，主要包括教学组织能力和教学实施能力。英语教师必须熟悉整体和具体的教学计划，依据课程计划实施教学，并保证三者的一致性；熟悉教学步骤和基本的教学原则；选择运用适当的教学参考书，认真备课，合理安排教学进度；课堂讲授条理清晰、科学准确、简洁易懂、逻辑严密；教学活动的设计符合学生特征；善于运用肢体语言，如表情、眼神、手势等非语言表达手段辅助教学；有较快的反应力和较强的处理突发事件的能力，保证课堂教学的顺利进行；能运用现代信息技术手段辅助教学，熟练使用多媒体技术、网络技术进行教学，开展课外活动和第二课堂活动，等等。

最后，教师要使学生形成对学习风格的科学认知。

（1）学习风格没有优劣、好坏之分，每个人都有独特的学习风格。

（2）每个人都要努力发掘适合自己的学习方式，只有适合自己的，才能达到事半功倍的效果。

（3）学习风格是变化的，学习方式是多样的，在不同的学习环境中使用不同的学习方式，才会有更全面的发展。

（二）采用多样化的教学方法

采用灵活多样的教学方法是充分了解学生学习风格差异的有效途径。根据多元智力理论，教师会充分发掘每个人都有相对优势的智力和相对劣势的智力，这时教师就会在教学中采用多种教学方法，因势利导，长善救失，发展学生的优势智力的同时，带动劣势智力的发展。

首先，课堂导入方式要不拘一格。良好的开端是成功的一半，教师在课程开始前的几分钟，利用丰富多彩的活动，尽可能在最短时间内将学生的注意力吸引到课堂中来。这种课堂导入方式可以是图像的形式，也可以是游戏的形式。

其次，课堂活动要多姿多彩。课堂教学活动的丰富性也是满足学生不同的学习风格的需要，常用的教学方法有情境法、简图法、活动法、故事法等，在采用符合不同学生学习风格的教学方法时，学生的学习效率都会有不同程度的提高。

（三）挖掘差异性的学习风格

首先，教师要尊重差异，提供人文关怀。既然学生的学习风格存在巨大差异，教师应该充分重视这一点，并能够预见到这些差异对学生的学习活动的影响。这对教师提出了一定的要求。

（1）教师要树立学习风格差异的教学观。每位学生的学习风格是独特的，教师应该按照学生的特征来尽量提供更多的机会，增强他们的学习动机和热情。

（2）教师为学生提供更多的人文关怀。教师应该在公平、公正的基础上，辩证地看待学生学习风格与教师教学风格的关系，平等对待每一位学生。

其次，弥补差异，丰富和拓展学习风格。某一种风格不可能适用于所有的知识，因此学生应该具有丰富的学习风格。学习风格有稳定性，但是也有其可塑性，通过后天的训练和实践，可以塑造新的学习风格。在实际教学中，教师应该均衡各种学习风格，然后配以与风格相一致的教学策略，从而拓展学习者的学习风格。例如，场独立型学习者社交较差，因此可以多安排一些社交活动或者小组活动来提高他们的社交性。

第四节　培养学生的自主学习能力

自主学习是学习者对主导自己学习的主动建构的过程，是建立在教育的终身化、民主化和个性化等教育观上的一种教育策略。随着英语教学实践的发展以及语言学习“终身教育”理念的兴起，英语教学早已不再局限于课堂之上，在课外活动中，甚至是任何时间和地点都可以进行英语学习。自主学习成为语言学习的一种重要方式，因此教师必须要培养学生的自主学习能力。

一、自主学习的内涵

英语教学过程是教师与学生相互合作的过程，因此教师与学生都必须积极地发挥其自身的能动性。事实上，自主学习是一种语言学习的方法，同时也是一种语言学习目标。国内外学者都对自主学习进行了深入的研究。在国外众多研究学者中，霍莱克（Henri Holec）最早将“自主性”这一概念引入英语教学。他在《外语学习中的自主性》（*Autonomy in Foreign Language Learning*）一书中将自主学习解释为一种“能负责自己学习的能力”。这一能力主要体现在以下五个方面。

（1）自主确定学习目标。

（2）自主选择学习内容，确定学习进度。

（3）自主选择学习方法。

（4）自主监控学习过程。

（5）自主评估学习结果。

此外，他还认为自主学习的能力是通过系统的、有意识的学习获得的，并不是天生就存在的。

继霍莱克之后，涌现了一批对自主学习感兴趣的专家和学者，如美国学者齐莫曼（Zimmerman）、迪金森（Dickinson）、利特尔（Little）等，他们从实践和理论方面，对自主学习进行了多角度的分析，丰富了自主学习研究的成果。

美国学者齐莫曼认为“自主学习是学生在学习过程中认知、情感和行为处于活跃的一种状态”。他认为，自主学习中含有三个要素，分别是元认知、动机和行为。动机产生于学习者的自我激发，元认知和行为共同创设出最佳的有利于自主学习的物质环境和社会环境。他还提出了一个系统的自主学习研究框架，如表2-1所示。

表2-1 自主学习研究框架

科学问题	任务条件	心理维度	自主过程	自主实质
为什么学	选择参与	动机	自我目标、自我效能、价值观、归因等	内在的或自我激发的
如何学	选择方法	方法	策略的使用等	有计划的或自动化的
何时学	控制时限	时间	时间计划和管理	定时而有效
学什么	控制学习结果	学习结果	自我监控、自我判断、行为控制、意志等	对学习结果的自我意识
在哪里学	控制物质条件	环境	选择、组织学习环境	对物质环境的敏感和随机应变
与谁一起学	控制社会环境	社会性	选择榜样、寻求帮助	对社会环境的敏感和随机应变

（资料来源：庞维国，2003）

迪金森（1987）认为自主学习是学习者在学习过程中负责所有策略，包括学什么、如何学、学习的时间、方法、地点等，并实施这些策略的一种能力。

自主学习者主要承担七个方面的学习责任。

（1）决定学习的内容。

（2）学习的方法为个人自学。

（3）选择学习进度。

（4）决定学习的时间和地点。

（5）选择学习材料。

（6）监控学习过程。

（7）在现实中进行自我测试，而不是通过某种语言测试的检验。

此外，迪金森还指出，自主学习是一种“对待学习的态度”，即对自己做出的学习决策负责，同时还是一种“独立学习的能力”，即能够在学习过程中自己进行决策并在不同阶段进行自我反思。

与迪金森的观点相似，莱格特克（Legutke）和托马斯（Thomas）认为自主学习是“学习者对自己的事务承担责任的能力”，这种能力能够使学习者在对有关自己学习的问题上做出决定并全权负责。

利特尔（1999）将自主学习解释为“学习者不依靠教师而使用所学知识和能力”，即学习者能够在学习中独立自主、快速决断、评判反思。

班森（Benson）认为，自主学习是学习者在学习过程中对自己的学习进行控制的能力。但是，这种控制能力并不仅仅依靠学习者自身的喜好，控制不是个人做选择的问题，而是集体做决定的问题。他还将自主从不同的角度定义为“技术自主”“心理自主”和“政治自主”，并将它们分别与三种相应的学习方法（实证法、构造法和批评理论）联系起来。总的来说，自主学习是一种多维度的能力（Multidimensional Capacity）。①

除了国外学者，国内学者也对其进行了分析和探讨。

我国外语界从20世纪80年代中后期才逐步展开对自主学习的相关研究。他们结合我国当代英语教学的实际，并在总结国外相关研究的基础上，从不同的角度对自主学习进行界定。

程晓堂（1999）将自主学习的含义解释为以下三个方面。

（1）自主学习是学习者指导和控制自己学习的能力。例如，选择不同学习方法的能力、针对不同学习任务采取不同的学习活动的能力，等等。

（2）自主学习可以理解为教育机制（教育行政部门、教学大纲、学校、教师、教科书）给予学习者的自主程度，或者是对学习者自由选择的宽容度。

（3）自主学习有两个必要前提，一是学习主体要具备自主学习的能力，二是在教育机制提供的自主学习空间中。

彭金定（2002）则认为学习主体的自主学习应该涵盖五个方面的内容。

（1）有学习责任心。

（2）有明确的学习目的。

（3）制订学习计划。

（4）评估学习进步。

① 赵小凡.浅析大学英语自主学习能力的培养[J].英语广场，2020（32）：128-130.

（5）调整学习策略。

学者庞维国从横向和纵向两个角度来研究自主学习，将自主学习解释为“能学”“想学”“会学”和“坚持学”。他认为“自主学习是建立在自我意识发展基础上的‘能学’，建立在具有内在学习动机基础上的‘想学’，建立在掌握一定学习策略基础上的‘会学’，建立在意志努力基础上的‘坚持学’”。

综合国内外学者对自主学习观念的界定，不难看出，无论将自主学习视为一种学习能力，还是一种学习行为，都有一个共同点就是强调学习者的主体地位，学习者要“能学”“想学”“会学”和“坚持学”，它与传统的英语教学法中学习者被动接受知识的角色有着本质的区别。

二、自主学习的特性

自主学习具有“自主”性，这是学习的本质，同时还具有“能动”性，这是自主学习主体的品质。可以将自主学习的基本特征概括为三方面：自立性、自为性以及自律性。

（一）自立性

自立性可以说是自主学习的前提和基础，它不仅体现在学习主体的个性品质上，在自主学习过程的各个方面都能体现出来。甚至可以说，自立性是自主学习的“灵魂”。下面就来具体阐释自立性的四层含义。

1.学习主体具有独立性

在自主学习活动中，每个学习者作为自主学习的参与者和承担者，都是具有相对独立性的人。自主学习活动需要学习者亲身参与，是“自己的”事，通过“自己的”行为取得更好的学习效果，不可被任何人代替。

2.心理认知结构具有独特性

每个学习主体都是通过自我分析、自我思考、自我领悟、自我反思来进行自主学习的，因此每个学习者的心理认知系统都是独有的、自我独立的。独特的认知方式是自主学习的思维基础。这也是自主学习的意义所在。

3.每个学习主体都有渴望独立的欲望

自主学习的目的便是培养学习者的独立自主性，而每个学习者内心中争取自我独立的欲望便是实现这一目的的内在根据和动力。可以说，争取自我独立的欲望是自主学习的动力基础。

4.每个学习主体都有一定的独立能力

每个学习主体都是一个独立的、具有自我意识的个体，因此都具有一定的独立能力。此外，每个学习主体都具有一定的学习潜能。独立能力与学习潜能相结合，才能够实现自我调整、自我监控。这是自主学习的能力基础。

（二）自为性

“自为”可以理解为“自我作为”，体现在自主学习活动中，便是学习主体自我探索、自我选择、自我建构、自我创造的过程。

1.自我探索

学习主体的自我探索过程往往是由好奇心引起的。好奇心是每个人的天性，它是人们内心中渴望探索事物、获得认知的需求，同时也是一种学习的动力。在学习活动中，便体现在对“文本”知识的渴求上，只有通过自我探索，才能间接地获得前人对客观事物的认知，因此自我探索是一种“自为”。

2.自我选择

在经由好奇心产生了自我探索的需求后，便进入了自我选择的过程。当一种外部信息与学习主体的内在需求相一致时，其才会引起学习主体的注意，进而被纳入认知领域。可以说，“视而不见、听而不闻”这种现象就是因为与学习主体的内在需求不一致而产生的。学习主体由内在所求引起的对信息选择的注意，对头脑中长时记忆信息的选择提取运用从而发生的选择性学习，是另一种不同形式的“自为”。

3.自我建构

学习主体对由选择性注意所提供的新信息、新知识进行建构，也就是新的认知结构建立的过程。这一过程是以学习主体头脑中原有的经验和认知结构为基础的，是通过原有知识的联合和加工，发生了新旧知识的整合和同化，实现了新知识系统的建立。自我建构既是对原有知识和经验系统的保留、改造，同时又实现了重组和超越，是一种“自为”。

4.自我创造

自我创造是更高层次、更重要的“自为”。学习主体在经过自我建构后，形成了新的认知系统，此时又产生了强烈而明确地对某一新事物的内在需求，因此学习主体在遵循事物发展的客观规律下，通过对事物真理的超前认识，最终超越了这一真理，产生了创造性的思维结果。在这一创造性思维活动中，学习主体头脑中的信息库被充分地调动起来，实现了学习主体的目标价值。

通过上述分析可以看出，从自我探索到自我选择到自我建构再到自我创造的过程，实际上就是学习主体自我生成、实现、发展的自为学习过程。

（三）自律性

“自律”指的是学习主体在自主学习中对自我的约束和规范，表现出相当高的自觉性。学习主体在英语自主学习中通过严格要求自身的学习行为，做到规范、自觉，体现出一种充分的自我觉醒。这种觉醒促使自己主动、积极地学习，并保持学习过程一直处于一种不断进取、持之以恒的状态。此外，自律还体现在学习主体清醒的责任感上。责任感是学习主体积极探索、主动建构知识的精神动力。

综上所述，自立、自为、自律的学习才是自主学习。三者在相互区别的同时，又存在着联系。自立性是自主学习的基础，自为性是自主学习的实质，自律性则是自主学习的保证。在自主学习中，三者缺一不可。

三、如何培养学生的自主学习能力

有位教育家曾说，“未来的文盲不再是不识字的，而是没有学会怎样学的人”。因此，要运用科学有效的教学方法和教学策略，最大限度地调动大学生学习英语的积极性，鼓励他们敢问、敢说、敢做，真正掌握自主学习的方法，由被动接受型英语学习转变为主动探究型英语学习，提升其英语自主学习能力，为适应未来社会和个人发展的要求打下坚实的基础。那么，如何有效地培养大学生的英语自主学习能力呢？下面对其着重分析。

（一）探究自主学习方法

英语教师要逐渐转变其在英语教学中的角色，由语言知识的传授者向语言学习的指导者转变，逐渐成为学生自主学习的顾问和交换意见的参与者，对学生的英语自主学习进行宏观调控，加强学习方法、学习能力和良好的考试心态等方面的指导。以培养学生自主学习意识，提高独立分析、判断问题的能力为目标，将学生的全面发展和服务社会作为培养人才的最终归宿。从这些方面的意义上来说，提升大学生的英语自主学习能力早已不仅仅是为了通过某个测试或是取得某项证书，而是为了学生素质的全面提高，为社会建设和发展培养最优质的人才。学习者掌握了自主学习的方法，在以后的学习和生活中面对各种压力和挑战时，才能从容不迫，自信应对。

（二）重视自主实践活动

为了提升英语自主学习能力，对学习者进行训练的第二个方面便是重视自主实践活动的重要意义。实践出真知，实践也是检验真理的唯一标准。

学习者的自主发展都是在一系列的自主实践活动中实现的。例如，学习者在自主设计、自主尝试中探究英语学习，发现问题，并积极寻找解决问题的办法。在自主领悟、自主质疑中对头脑中已有的认知结构进行调整，更新思想，获得进步。在自主监控评价、自主反思总结中根据自身的英语学习实际，调整学习方法，转变学习策略，以取得更好的学习效果，实现既定目标。教师可以通过开展一些有针对性的课题研究，让学生主动参与到自主实践活动中。

1.开展户外活动

课外实践活动在提升学习者英语自主学习能力方面发挥着重要作用。与课堂教学相比，学生在课外实践活动中表现出来的自主性和能动性更加充分。

课外实践活动的题材可以与教材中的某一课题或某一情景有关，也可以选择与学生的社会生活密切相关的现实问题。学生作为实践的主体在充满体验性和探究性的活动中，充分发挥自主能力与合作能力，小组成员共同商议主题，进行实地调查、取材、走访，发现问题，分析问题，并撰写调查报告，总结实践成果，提出合理化的、具有建设性的解决方法。

2.设计开放性作业

教师在教学内容结束后可以布置开放性作业。学生可以自由发挥，充分发挥自主性，自己选择主题，并决定作业的内容和完成的形式。例如，撰写与教学内容相关的小论文，或与现实社会中的热点相结合，写时事评述，也可以对本节课的教学内容发表自己的看法，等等。在这种不拘一格的活动中，学生既能获得深刻的体验，又能积累、提炼和升华认识，养成自主意识能力与自主学习习惯。

（三）自主制定学习目标

目标是前进的方向，同时也是进步的动力。在传统的教学模式下，课堂教学的目标往往是教师在教学大纲的基础上预设的，并不涉及学生的参与。而在英语自主学习模式中，课堂教学目标的设定需要教师和学生的共同参与，也就是教师的预设与学生的参与相结合。教师在制定课堂教学目标时，首先要对当前学生的英语学习情况和学习过程中存在的问题有宏观的认识，其次还要充分认识和发挥教学目标的期望、定向、激励和调控功能。学生则在教师的指导和帮助下，以自身现有的语言认知水平为基础，自主安排英语学习的内容和进度，选择适合自己英语学习的方法，明确每节课、每个单元的学习目标。学习能力强的学生可以在剩余时间内通过大量阅读课外材料继续拓宽自己的知识面，学习能力较弱的学生则可以按部就班完成学习目标，追求更大的进步。

（四）利用现代网络技术

英语教学中的现代网络技术为提升大学生的英语自主学习能力提供了强有力的条件和支持。

1.提供丰富的物质条件

互联网平台为学习者的英语学习提供了丰富的物质条件，主要体现在以下两个方面。

（1）丰富的语言学习材料。计算机网络平台上含有大量的数据，包括各种主题和形式的英语文章、音频和视频等，这些具有交互性的文本和视听材料为学习者反思自身的错误，学习语言规则，进行语言知识练习提供了大量的帮助。此外，还有一些学习软件具有保存学习记录的功能，这为学习者寻找适合自己的自主学习方法、学习策略和学习方式创造了有利的条件，英语学习过程更加人性化。

（2）多样化的练习机会。学习者可以通过计算机网络技术经常性地重复得到练习的机会，在多次操作和练习中逐渐摸索出自身学习方法成功或失败的原因，总结、反思英语自主学习过程，逐步提高学习效果。多种多样的具有娱乐性的语言活动在增加学习乐趣，提高学生学习英语积极性的同时，还提高了其计算机应用的能力，如编写短信、制作网页、进行多媒体展示，等等。

2.发挥学生的主体作用

现代网络技术应用于英语自主学习教学，是发挥学生主体作用的有效途径。一方面，学生可根据自身的语言学习情况，有针对性地选择想要学习的内容，自主安排最合适的学习时间，在合理的学习进度下，通过网络技术的指导，进行语言的练习，并根据自身对知识和技能的理解、掌握，随时调整学习过程。在学习较复杂的内容时，可以适当放慢学习速度，增加练习的数量；当发现学习内容很容易理解时，经过某种形式的检验、测试合格后，可以适当加快学习的进度或减少练习的数量。另一方面，网络平台事实上就是一个含有各种各样的语言学习资料的信息源，学习者可以随时查阅多种形式的课件和教材，进行个性化的学习，也可以通过试题库中的测验来检验这一段时间以来的学习成果，还可以利用电子邮件的形式向老师请教学习过程中遇到的疑惑。这样一来，自主学习便成了“因材施教”的一种特殊形式。

第三章　英语教学模式改革新思维

第一节　英语“输入—输出”教学模式新思维

“输入—输出”教学模式的提出是为了培养适应国际经济发展和对外交流需要的跨世纪英语人才，教学过程更符合英语学习的客观规律和学科特征，完善科学的教学大纲，培养学生学习英语的能力和建构英语思维的技能。

一、“输入—输出”教学模式的理论基础

“输入—输出”教学模式是以克拉申（Krashen）的“输入假设”和斯温（Swain）的“输出假设”，语言同化与建构理论以及语言习得理论为理论基础的。

（一）“输入假设”和“输出假设”

美国著名的应用语言学家克拉申认为，“可理解输入”是第二语言习得的唯一途径，并提出理想语言输入应当符合i+1公式。这一公式的含义为：i为现有水平，1为略高于i的水平。教学的主要任务是提供充足的可理解输入，其中包括学生已经掌握的语言知识i，又包括新的语言知识1。而i和i+1之间的差距是学生学习的动力所在。语言输入材料的难度要稍高于学生现有的水平i，即i+1，学生为了懂得新输入的语言材料，会求助于以前的知识经验或利用语境、上下文等进行判断。通过努力，学生理解了语言输入中“难以理解的成分”，从而使语言习得

取得进步。[①]

斯温提出了“可理解输出”假设。他认为，语言学习过程中应强调语言输出的重要性。输出不仅可以提高语言的流利性，而且还具有使学生集中注意力、进行假设验证和自觉反思等调整自己学习策略的功能，从而提高使用语言的准确性。说和听同属一个语篇层次，写和读同属另一个语篇层次，其中说和写是输出形式，其特征可用“生产性”来表述。他认为，说和写的语言运用有助于学生检验语句结构和词语使用，促进语言运用的自动化，有效地达到语言习得的目的。

（二）语言同化与建构理论

1.语言同化理论

所谓“同化”，即接纳、吸收和合并为自身的一部分。同化理论的核心是相互作用观。奥苏伯尔（D.P.AuSubel）的同化理论强调，新知识的获得主要依赖认知结构中原有的适当观念，新旧观念相互作用的结果导致有潜在意义的观念转化为实际的心理意义，与此同时，原有认知结构也发生变化，这种变化既有质变又有量变。奥苏伯尔强调必须通过新旧知识的相互作用来实现新旧知识意义的同化，进而形成更为高度整合的认知结构。

2.语言建构理论

熊英认为，社会建构主义教育理论的要义，就是知识是由个人建构的，而不是从外部注入的。这种建构发生在与他人交往的环境中，是社会互动的结果。社会建构主义对语言教学具有特殊意义。因为对别的学科来说，语言只是一个学习的工具；但对语言学习来说，语言不仅是工具也是学习的目的。作为学习工具，语言习得本身就是一种社会建构过程，它既有建构的特征，又有社会的属性。但作为学习的目的，学习语言就是建构个人知识，因为知识的基础就是语言，知识的心理与外部表征都是以语言为媒介。语言学习不仅仅是学习语言，更重要的是发现它的社会交往价值。有效的教育实践是建立在学生主动理解的基础上，教师作为中介者，应为学生提供富有个人意义的学习经验和学习机会，由学生自己建构知识，并由此学会学习，学会独立思考和独立解决问题，从而为终身教育打下基础。

① 刘冬梅.基于“输出驱动–输入促成”理念分析高校英语阅读教学模式[J].教育教学论坛，2017（35）：169–170.

（三）语言习得理论

美国语言学家克拉申在20世纪70年代提出的语言习得理论认为，人们掌握一种语言的方式主要有两个：一个是“习得”，另外一个是“学习”。所谓“习得”，是指学生通过与外界的交际实践，无意识地吸收到该种语言，并在无意识的情况下正确、流利地使用该语言；而“学习”是指有意识地研究且以理智的方式来理解某种语言（一般指第二语言）的过程，克拉申的监控假说认为，通过“习得”掌握某种语言的人，能够轻松流利地使用该语言进行交流；而通过“学习”掌握某种语言的人，只能运用该语言的规则进行语言的监控。

二、“输入—输出”教学模式的教学策略

为了提高课堂教学效率和质量，在英语教学模式改革中，必须根据所确定的教学原则，采取相应的教学策略，优化课堂教学过程。

（一）教师指导学生学会学习，体验“习得”

在培养学生英语思维能力的过程中，教的同时还要对学生进行指导，即教师在教授知识的同时，要指导学生学会学习，体验“习得”，强调给学生的信息输入，引导学生操练语言输出，培养学生英语思维的能力。例如：

（1）教师在课前有效指导预习，保证课堂效率。

（2）教师在讲课时把几个单元的课文当作一个整体，讲解时进行重新组合排列，使学生感受整体的语言情境，要求学生讨论、对话、叙述、表演，在创造的语言情境中掌握语法。

（3）课后，教师可以要求学生听原声带，复现、体会课堂所学知识。还可以要求学生上网查询相关资料，完成课后的书面写作。

（4）学生可以将文章写在作业本上，也可以写成电子稿通过网络发给教师。教师针对文章进行批改和指导，也可以让学生互相批改，还可以通过软件批改文章。

（二）引导学生在课堂上完成知识联网，丰富和完善学生的英语认知网络

学生层次不同，教师要用不同的方法帮助他们联网。比如，A层次的学生以自学为主，如讨论式、质疑式学习；对于B层次的学生，教师要有计划地帮助他们“滚雪球”，逐步积累，要特别注意“温故而知新”。这样的方式给每个学生都创造了参与的机会，学生的讨论、对话、表演要大量运用学过的词汇、句型，促使新旧知识自然相连，达到积累、巩固的目的。

（三）课外学习的管理策略

教师可以推荐一些外文原版名著，让学生自读，并且鼓励学生与外国学生结交“笔友”。此外，还可以加强英语学习与现实生活的联系，经常摘录一些英文杂志的内容给学生阅读，鼓励学生收看英文电视节目，努力使学生的学习与获取日常生活中的各种信息结合起来。

三、“输入—输出”教学模式中的问题

与传统教学模式相比，“输入—输出”教学模式有一定的优势，但也有自身的问题。

（一）在实际操作上，语言的输入与输出仍存在不均衡状态

很多学生在学习的过程中依然存在这样的问题：只是停留在对知识点掌握的层面，比如只是单纯地去记忆语法、单词、句型，不能很好地把所学到的知识变成技能。造成这种现状的原因有两个。

（1）从深度上讲，学生所掌握的知识点不够，没有达到量的累积，也就很难达到质的飞跃。

（2）从广度上讲，缺乏从知识点向技能转换的环节。学生需要完成听、读这两个输入环节，但听和读的量仍然不够，并且对于说、写这两个输出环节把握得不够，无法顺利地完成由听、读向说、写的转换。为解决这一问题，最有效的办法就是让学生在听、读两个先行环节中大量汲取知识，同时以说、写为主体，逐渐提高交际能力。

（二）“输入—输出”教学模式的应用，有可能造成学生两极分化的现象

这就要求教师必须关注差等生的学习，积极采取措施帮助他们，避免让这部分学生掉队。“输入—输出”教学模式是在大规模实施计算机辅助英语教学的初级阶段提出的，它既是一种大胆假设也是一次勇敢尝试，而对于该模式下教学活动的具体设计和操作更是有待细化和研究的重要问题。任何一种教学模式都有自身的优点和不足，只有汲取各家之长才能找到适合自己的教学模式。

第二节　英语交际型教学模式新思维

所谓交际型教学模式，即建立在课堂互动交流基础之上的教学模式，它综合运用各种教学元素，如教师、学生、课堂、场景等，通过师生交流、互动活动、互换角色以及范围更广的交际来进行教学。西方学者在二语习得研究中取得的新成果及新思想指出，语言和文化的内在关联属性决定了语言教学在一定层面上就是文化教学；同时强调语言学习的最高目标是为交际服务，以适应和满足跨文化交际的需要。英语教学改革与转型的表现之一便是由传统的英语教学模式转向交际型的英语教学模式。

一、交际型教学模式的理论基础

20世纪以来，英语教学模式一直是以教师为中心，以讲解分析语言知识点作为最普遍的标准教学方法。这一传统教学模式是建立在瑞士语言学家索绪尔（Ferdinand de Saussure）的“结构主义语言学”理论基础之上的。在这一理论中，语言被看成一个完整封闭的符号系统，人们注重分析语言结构，强调语言形式，而语言的意义及其社会交际功能却被完全忽视了。

之后，美国语言学家海姆斯（D.H.Hymes）的“交际能力”理论对传统英语教学模式造成了极大的冲击。海姆斯提出的语言交际能力具有语法性、可行性、

得体性和现实性的特征，这其中除语法性属于语言能力之外，其他三种特征均涉及语用能力，它将语言能力与语用能力结合起来。人们开始逐渐认识到语言学习离不开一定的文化语境，学生不但要习得语言本身，还要习得使用语言的规则，而这种交际中语言使用的规则涉及交际主体国家的交往互动，强调个人自身所取得的经验并非来自外部传授，这就对以往传统的教学模式提出了质疑与挑战。

美国语言学家萨丕尔（Sapir，1921）指出，语言脱离其根植的文化后便无法存在。交际的成功不仅需要学生掌握足够的语言知识，也需要学生了解目的语国家的文化背景，还要了解文化方面的可接受性和不可接受性。文化的可接受性和不可接受性，即涉及不同文化背景的人们因不同的行为规范思维模式、价值取向及语用迁移而造成交际中的文化接纳和冲突。①对此，英语教学的最新理念是把跨文化交际能力作为英语教学的最终目的，以避免文化冲突的发生。

二、交际型教学模式的优势

交际型教学模式是一种多极主体间的认知交往活动。在语用与言语交际活动中，师生之间、学生之间、师生或学生在不同场景中发生着频繁而密切的联系。②交际型教学模式使教学过程发挥更大的功效，比传统的讲授式教学模式具有更多的优势，主要表现在以下三个方面。

（一）学生主动学习

交际型教学模式鼓励学生主动参与教学而不是被动接受教学。学生通过参与教学活动，能主动发现自身和教学中的问题并及时反馈，之后与教师交流解决问题。例如，学生通过团队合作、小组发言、角色扮演、课堂讨论和个人陈述等方式多方面参与教学活动，改变了课堂完全由教师控制的单一局面，学生不再只是被动听讲。这样学生在主动学习的过程中能够得到认可、鼓励和赞扬，有了成就感之后，学习热情自然会被激发，学习兴趣和积极性就会被调动起来。

① 向二兰.交际式大学英语教学模式初探[J].山西广播电视大学学报，2006（04）：72-73.

② 丁仁仑.交际型大学英语创新教学模式研究[M].北京：国防工业出版社，2010：72.

（二）以书本理论转化为学生的交际能力为导向

英语教学的目的是实际的交流和应用。然而在传统教学模式下，教师总是抽象地强调理论联系实际，为讲清某一理论观点而举几个具体事例作为证明。这与身临其境的角色扮演、来自实际的案例分析以及学生通过彼此讨论交流，从实际中反思总结出的理论升华相差甚远。交际型教学模式注重将具体、广泛、深入的理论联系实际并转化为学生的交际能力，它以培养学生的交际能力和解决实际问题的能力为目标，使英语教学具有应用价值。

（三）学习效果更佳

传统教学模式下的教学信息基本是由教师到学生的单向传递。而在交际型教学模式下，这种单向交流变成了语用情景中师生之间和学生之间的多向互动。学生通过分享课堂教学内容及控制教学进程，能够在与实际密切相连且充满趣味性的场景中更加生动、真实、标准地运用语言，既实现了学即所需，又体现了自我价值。这必然会从整体上提升英语教学的质量和学生的学习效果。

三、交际型教学模式中的问题及对策

（一）教师方面的问题与对策

交际型教学模式要求英语教师要具有丰富的语言文化知识、较强的语言比较研究能力和课堂掌控力，然而教学实践反映出英语教学中的文化教学并不尽如人意。有学者认为造成这一现状的原因，是由于目前中国的绝大多数英语教师仍然是由本土传统英语教学模式培养起来的，亲身体验和深入异域文化的教师少之又少，他们对于外国文化的了解也仅凭书本、影像等媒介。此外，受现行教育体制的影响，外语教师教学水平的衡量在很大程度上仍取决于学生英语四、六级考试的通过率，这使教师不得不在课堂上以要求学生掌握大量语言知识点为主要目标，而忽略文化知识的导入。

由此可知，交际型英语教学模式要求英语教师改变固有观念、提高自身能力，从根本上强化对跨文化交际教学法的准确认识。在教学实践中，教师应该对固有的角色进行重新认识和定位，最好能以多重角色进行课堂教学，发挥不同于以往的作用。其具体做法有如下几方面。

1.教师要充分发挥想象力和创造力

密切结合实际场景，合理设计课堂教学程序，科学分配教与学的时间和比例，在限定的课时内顺利完成教学任务，有效组织课堂内的多种语言使用交际活动。

2.教师要最大限度地发挥组织协调作用

在课堂上组织什么样的活动，运用什么样的方法展开，达到什么样的教学目的等，这些都要求教师精心组织。可以说，课堂内活动能否按教学计划进行，学生反应是否积极，能否融入教学并成为教学主体之一，在很大程度上取决于教师的组织能力。教师要按照教学内容和教学目的使课堂教学紧凑有序，达到最佳的教学效果和水平状态，为挖掘学生交际能力提供前提和保障。

3.教师最好成为具有创新意义的合作者

小组辩论、讨论、扮演角色等与实际密切相连、形式新颖多样的课堂活动，可以激发学生学习英语的兴趣。在学生实践上述活动的同时，教师也要广泛、积极地参加学生的活动，不只是起到鼓动、指导和旁观的作用。

4.改变课堂上单一的讲授方式

为给学生在英语学习过程中提供指导，扫清障碍，教师不能只靠讲授这一途径，而要为学生创造各种条件，激发学生的内在学习动机，使他们通过语言的实际应用来学习语言，解决实际问题，锻炼交际能力。

（二）学生方面的问题与对策

根据对非英语专业学生英语学习的动机及课后自学状况的调查，结果发现：89%的学生学习英语是为了通过四、六级考试。同时，大部分学生表示不会在课余时间练习英语和学习英语国家文化知识。另外，有学者对大学生跨文化交际能力的自我评估也做了调查，结果显示很多学生对自己的跨文化交际能力持否定态度，其中一部分原因归结于怕犯错误，另一部分原因是内向自卑心理。上述两个调查反映出学生的英语学习中存在两个问题：其一是学习英语的动机单一且具有功利性，学生本身的动力不足并且自觉性差，使得英语文化教学的阻碍加大；其二是学生在面对英语交流时态度并不积极乐观，自身情感的焦虑和自卑心理阻碍了他们的跨文化交流。

针对上述问题，要想真正实现跨文化交际模式下的英语教学，就必须让学生了解英语学习的真正目的是提高其文化素养，并掌握一种跨文化交际技能，此外还要帮助学生建立一种积极的跨文化交际态度。目前，很多高校都采取了充分利用外籍教师来达到跨文化交流的目的，这一方法的弊端是学生在与外籍教师交流时仍有一定程度的隔阂，最好的方法是创造条件使学生与本校留学生交流，这样的成效会更大。

（三）教材方面的问题与对策

在一定程度上，大学英语教材的文化含量直接决定着课堂上文化导入的多少与深浅。从跨文化英语教学的视角出发，有学者对高等教育英语教材做了调研，结果发现教材内容和练习设计均缺乏与跨文化情景的结合，远离跨文化交际实践的需要。针对这一现状，现今英语教材如何改革以及如何利用便成为高等学校英语教学界比较关注的问题。其建议有如下几点。

（1）教材要确保其内容能呈现跨文化交际的特性，引入多元文化内涵，注重学生跨文化交际意识和实践能力的培养。

（2）英语教师和英语教研小组可定期组织编撰有关文化和跨文化类的电子报刊，在校园内面向所有学生发行或发放至学校论坛，以帮助学生扩充跨文化交际知识。

（3）鼓励教师自编讲义授课。需要明确的一点是，靠教材的改革来推动英语教学改革仅是一个起点，如何创造性地利用和补充教材才是重点。

总之，目前的交际型教学模式仍处于探索、实践和发展阶段，以上所考虑的问题和面临的改革都只是其中的一个方面。外语教学的目标是帮助学生获得语言交际技能和自主学习能力。交际型英语教学模式基于这一目标，通过课堂内外多角度的多元文化导入，在教学实践的过程中十分重视学生的情感因素，培养学生的文化敏感性和感知力，最终使学生拥有一种辩证的文化意识和对待文化差异的独立判断能力，成功实现跨文化交流。

第三节　英语分级教学模式新思维

大学英语分级教学模式，本着因材施教、提高教学效果的原则，根据学生个体实际英语水平及其接受英语知识的潜能，将学生划分为不同层次，在此基础上确定不同的培养目标，制定不同的教学目标、教学方案、教学计划、学生管理制度等，采用不同的教学方法进行教学活动，在讲课、辅导、练习、测验和评估等方面充分体现出层次性。总之，分级教学的最终目的是让学生在各自不同的起点上分别得到进步和发展。

一、分级教学模式的理论基础

分级教学是以克拉申i+1语言输入假设理论、学习迁移理论和布鲁姆的掌握学习理论为理论基础的，下面具体讲述这三个理论的内容。

（一）克拉申i+1语言输入假设理论

美国著名的应用语言学家克拉申提出的“输入假设”理论为大学英语分级教学提供了理论支持。i+1语言输入假设理论与分级教学的相关性有以下两方面。

（1）从课程理论角度来看，i+1理论注重学习的结果和目标的达成，集中反映了循序渐进的观点，即强调学习的步骤、方法和过程。i+1理论不仅注重知识的获得，而且特别强调学生获得知识的方法，这正是大学英语分级教学的精髓和理论基础。

（2）从教学实践来看，分级教学就是针对学生不同的语言技能、认知风格、动机、态度和性格等个体差异施行不同的教学目标、教学要求、教学方法和教学评价。这与i+1理论的内涵是一致的。

（二）学习迁移理论

所谓学习迁移，即一种学习中习得的经验对其他学习的影响。其本质是原有的知识在新的学习情景中的运用，但凡一种学习对另一种学习能够起促进作用的都称为正迁移；但凡一种学习对另一种学习起干扰或抑制作用的，都称为负迁移。众多理论学家针对学习迁移的问题提出了不同的看法，从而形成了各种各样的学习迁移理论，其中的“认知结构说”从心理学角度阐明了我国大学英语分级教学的必要性。①

1.认知结构迁移理论的内容

认知结构迁移理论是奥苏伯尔根据他的“有意义接受学习理论”发展而来的。奥苏伯尔认为，认知结构就是学生头脑内的知识结构。认知结构变量就是学生需要应用他原有知识来同化新知识时，他原有认知结构的内容方面的特征和组织方面的特征。奥苏伯尔提出了影响新知识学习与保持的三个认知结构变量，通过操纵与改变这三个认知结构变量可以进行新的学习与迁移。

2.认知结构迁移理论对大学英语分级教学的启示

奥苏伯尔的认知结构迁移理论从心理学角度为我国大学英语分级教学提供了理论依据。学生对原有知识的理解、巩固度和对知识的可辨别性越高，越能使认知结构具有系统、清晰和稳定的特征，这有利于学习的正迁移。把对原有知识掌握水平相当的学生安排在一起组织教学，合理安排适合学生学习能力的教学内容，能够促进学习的正迁移，使学生的学习顺利进行，教学才会取得好的效果。

（三）布鲁姆的掌握学习理论

美国心理学家布鲁姆（B.S.Bloom）在掌握学习理论中指出，许多学生在学习中未能取得优异成绩，其原因不是学生智慧欠缺，而是由于没有设施完备的教学条件和合理的帮助造成的。如果提供适当、合理的学习条件，绝大部分学生在学习速度、学习能力、进一步学习动机等方面都会变得十分相似。实施分级教学确保我们采用多样化、个性化的教学手段，最大限度地挖掘学生的潜能。由此可以看出，现代心理学研究结果也为分级教学提供了理论依据。

二、分级教学模式的原则

教学原则是根据教育目的和教学过程的客观规律制定的，是教学中必须遵循的基本要求和指导思想。分级教学是“循序渐进原则”和“因材施教原则”在教

① 何倩，秦伟.国内概念迁移理论研究综述[J].科技视界，2019（30）：61-62+33.

学中的具体运用，是顺利完成教学任务的重要保证。

（一）循序渐进原则

循序渐进原则是由宋朝朱熹总结得出的，在《朱子大全·读书之要》中记载了他的读书方法在于“循序而渐进，熟读而精思”“未得乎前，则不敢求其后，未通乎此，则不放志乎彼”。循序渐进的原则是指教师在传授各门学科的基础知识时，既要按照各门学科知识体系的内在规律和顺序进行系统教学，又要采取相应年龄阶段的学生能够接受的形式进行教学。分级教学使教师得以在学生英语知识体系的基础上进行教学，采取适合他们的教学方法。教师的教学方法得当，才能使学生在学习上循序渐进，逐步提高语言知识和技能水平。

（二）因材施教原则

因材施教原则是指教师要从学生的实际出发，“有的放矢”地进行教育。孔子是因材施教的首创者，他指出：“柴也愚，参也鲁，师也辟，由也喭。”应在具体教学中因材而教之。朱熹概括为“孔子教人，各因其材”，由此产生了因材施教的说法。由于教育、环境、学生本身的实践等方面的不同，学生之间必然存在差异性。因我们在教学的时候必须充分考虑这种差异性，一定要具体情况具体分析，随着大学教育的普及，越来越多的学生有机会进入高等院校继续学习，但一个不能忽视的事实是学生的英语水平参差不齐。如果把英语水平悬殊的学生安排在同一班级，教师难以根据学生的特征和个性进行因材施教，很容易出现成绩好的学生“吃不饱”成绩差的学生“吃不消”的尴尬教学局面，结果是“教师白费力，学生不受益”。而分级教学从学生的实际情况出发，承认个体差异，为每个学生的充分发展提供了条件。

三、分级教学模式的实施

分级教学模式的实施，可以从以下几方面着手。

（一）合理、科学地分级

分级教学是按照不同的级别制定不同的教学目标，不要求所有的学生达到同一目标。级别设置的科学与否，是分级教学能否最终实现教学效果的前提。为了做到统一考核分级的科学性，我们需要有科学的分级试题和分级标准。分级试题应以《大学英语课程教学要求》规定的各级词汇量为基础，设题要有层次，基本要求题和较高要求题均要涉及，同时逐年积累多套成熟的分级试题。分级标准应采取个人意愿与统一考核分级相结合、实际水平与考试结果相结合的原则。另外，为了调动学生的积极学习情感，将学生分为A、B级两级班比较合理。利用周末的时间给B级班中基础较差的学生补课，由此可缓解基础差的学生的心理压力，不少B级班学生增强了学好英语的信心，到了期末能和A级班的学生在同一起跑线上竞争。

（二）提高分级的区分度

很多高校分级分数线的设定都根据高考成绩和摸底考试的分数来分级，但每次分级后，有些学生往往因为一分之差没有进入A级班，这一分的差距的确难以说明英语水平的高低。为了提高区分度，可以让学生自己参与分级，实行双向选择。其具体方法依然是参考高考和摸底测试的成绩，同时公布各个级别的不同起点，听说读写各方面的学习要求和最终目标，学生可以根据自己的学习兴趣申请对应级别，由学校最终审定。学生最清楚自己的英语水平和学习兴趣，他们由被动选班变为自主择级，必然能增强学习英语的积极性和自觉性。

（三）贯彻好升降级调整机制

升降级调整机制是指根据选拔和自愿的原则，在一定范围内定期调整学生的级别，使学生的级别随学习的兴趣、成绩以及能力的变化而变化。落后者降档，能给予适当的压力；进步者升级，能给予一定的激励，有助于提高学生学习的积极性和主动性。

（四）制定科学的评价标准

为了检测教学效果，在分级教学模式下，各级别一般采用不同难度的试卷，这就很容易造成一种不良现象：英语水平高的学生英语绩竟然低于部分水平低的学生。针对这一现象，可以在分级教学的考核管理上增加平时表现在总评成绩中所占的比重，加强试卷命题的科学性，最后利用形成性评价与总结性评价相结合的方式来确定最终成绩。此外，还可以根据各级别试卷的难度引入加权算法，设定一个科学的系数，整体调整A级班或者B级班学生的分数。

（五）尽量避免负影响

作为改革中的新事物，分级教学在组织和管理方面存在着一些固有的缺陷。例如，学生容易产生心理波动、集体归属感不强、组织管理的操作过程过于复杂、学生考勤难以控制等问题，这些问题必然会影响分级教学的效果。教育管理者需要制定相应的规范制度，大力发扬分级教学的优势，尽量避免其带来的负面影响。

四、分级教学模式的优点

分级教学是我国大学英语教学改革的一项重大举措，其施行的优点有如下几方面。

（1）有利于贯彻落实《大学英语课程教学基本要求》，培养学生实际使用英语进行交际的能力，使他们在涉外交际的日常活动中能进行简单的口头和书面的信息交流，以满足我国经济发展和国际交流的需要。

（2）能够满足不同层次英语水平学生的求知需要，为他们搭建更好展示自己英语才华的平台，充分发挥他们各自的优势，顺利完成大学英语基础阶段的学习，全面提高他们运用语言的能力。

（3）分级教学从根本上改变了重“教”轻“学”的现象，充分体现了“以学为本”的教学新理念，从而使大学英语教学从耗时低效进入省时高效的新时期，标志着我国大学英语教学从传统的教学模式向现代教学模式的转变。

五、分级教学下的学习焦虑问题

分级教学打破了传统以专业为基础的行政班级教学模式，导致学生之间陌生感和交流障碍的激增；同时，分级教学的升降级制度又会使部分学生承受更大的心理压力。由此可见，分级教学所引入的竞争机制使各个层次学生出现了或多或少，或长期或短期的心理压力和焦虑情绪。

（一）学习焦虑的表现

学习焦虑是一种特定情景下的焦虑，是学生因英语学习过程的独特性而产生的一种“与课堂语言学习相关的自我意识、信仰、情感和行为的情结”。根据霍维茨等对外语学习焦虑的研究，外语学习焦虑大体表现为以下三种形式。

（1）交际畏惧。交际畏惧是指学生对真实的或预期的交际活动所产生的恐惧或焦虑心理，共型的行为模式是交际回避和退缩。

（2）考试焦虑。考试焦虑主要源于对考试失败的恐惧，是学生因担心在考试中发挥不好可能带来的种种不良后果而导致的恐惧心理。

（3）负评价恐惧。负评价恐惧更多地表现为一种预期心理，它是学生因他人可能会对自己做出负面评价而产生的畏惧感和沮丧的心理。

（二）学习焦虑的根源

分级教学是对传统英语教学方式的一次革命，其核心是竞争机制的引入。分级教学会导致学生学习过程中新焦虑源的产生。

（1）学生在开始学习大学英语之前首先面临的就是分级考试，面对这样一种区分英语水平高低的考试，学生会承受一定程度的考试焦虑。

（2）对于很多学生而言，分级教学会使原本在其他课程上和自己水平相当甚至不如自己的学生进入更高级别的英语班级学习，以往只在一个自然班级内部存在的某一门学科学习水平的差异，会因分级教学而扩大到整个学院乃至整个学校，他们会因此而承受着“自己不如别人”甚至“别人可能会看不起自己”的负评价恐惧心理压力。

（3）分级教学模式下，学生除了要面临伴随着期末考试而来的升级或者降级的压力，还要去适应流动的班级同学、不同的授课教师以及不同教学风格的变化。

（4）分级教学会使一些学生提前修满学分并根据个人兴趣选修一些课程，从而在更高层次上提高自己的英语水平，这一机制的调整会在学生之间造成心理上的不平衡。

（5）课堂活动形式、教师的教学观念和方法、师生之间的交流、教师纠正错误的方式等外部因素同样会导致学生语言学习焦虑的产生。

（6）学生自尊心的强弱、对竞争的适应力、对学习过程中模糊现象的宽容度等因素都会引起学生在语言学习过程中产生焦虑的心理。

（三）学习焦虑对分级教学的启示

焦虑是英语学习过程中不可避免的一种情感因素，在大学英语分级教学过程中，教学管理人员和教师要针对不同层次学生焦虑的具体原因，采取相应措施最大限度地减轻学生的焦虑情绪。

（1）在分级教学之初，教师首先应该让学生充分了解与认识对于实施大学英语分级教学的必要性以及已经取得的教学效果。当学生对这种教学模式有了充分的了解之后，就不会对这种新的教学模式产生排斥心理。

（2）教学管理人员在分级教学时要坚持“两头小，中间大”的原则。“两头小”是指分入较高级和较低级班级的学生的比例要小。“中间大”是指进入中间级别班级的学生比例最大。

（3）在分级教学过程中，授课教师对学生焦虑心理的关注、理解与及时疏导将有利于减少焦虑，提高教学效果。构建融洽的师生关系、增进师生间的情感交流和相互理解是降低学生英语学习焦虑的有效途径。总而言之，教学管理者在分级教学中的各种减压施，都有利于学生降低并逐渐克服分级教学后的焦虑心理，从而更加充分地发挥分级教学的优势。

第四节　英语网络教学模式新思维

随着计算机网络技术在英语教学中应用的不断深入和扩展，网络教学模式在具体操作的过程中积累了各种经验和教训，而这些都促进了对网络英语教学理论和实践的深入探讨和研究，从而有助于解决当前实践中的问题，也为今后的发展指明了方向。

一、网络教学模式的定义

要明确网络教学模式的定义，首先要搞清楚模式和教学模式的定义。模式是依据一定的理论基础表征现实活动和过程的一种模型或形式。代表某种对象活动结构或过程的范型，因而既有某种对象活动结构或过程（所谓的表象），也有内涵（理论基础），其本质是理论和实践所构成的某种概括模型。而所谓的教学模式，是指在学习环境设计理论与实践框架指导下，为达成一定的教学目标而构建的教学活动结构和教学方式。根据以上两个概念，张红玲等对网络教学模式做了如下定义：网络教学模式是在一定教学思想和教学理论指导下，依托计算机网络技术，为达成一定的教学目标而构建起来的较为稳定的教学结构框架和教学方式。[①]

二、网络教学模式的理论基础

任何教学模式的建构都必须依据一定的教学理念和理论，网络教学模式也不例外。

（一）语言监控理论

随着网络技术和资源辅助英语学习的趋向越来越明显，研究者们纷纷从不同角度来研究和探讨网络技术对英语学习辅助作用的理论基础，其中克拉申的第二语言习得理论中的语言监控理论是研究使用网络技术辅助英语学习必须依据的原理之一。

语言监控理论认为，在第二语言习得中，习得比学习更重要。为了能够习得语言，必须具备两个条件：一是能够理解的语言材料应该是“i+1”，即学生在现有的语言水平基础上略提高一步的输入，且输入应该能被学生所理解；二是心理障碍应该小，这样才能使输入易于吸收。克拉申认为，第二语言习得有两方面的途径：一方面是学生把注意力有意识地集中在目的语的形式特征上，即“有意识地学习”，另一方面是学生运用下意识的过程，在运用目的语进行真正的交际时，注重的是意义而不是语言形式，即“潜意识的习得”。习得是主要过程，学习只是以“监控者”的身份运用自己学到的语言，对所说的话起一种监控和修正作用。

克拉申的第二语言习得理论中的语言监控理论所强调的输入语、习得、降低情感障碍的思想对于第二语言习得研究者有很大的启发。把克拉申的语言监控

① 谢颖.网络视阈下大学英语混合式教学策略研究与实践[J].山东商业职业技术学院学报，2020，20（04）：46-49+96.

理论运用于大学英语网络教学，探讨语言监控理论与大学英语网络教学之间的关系，以及基于此理论指导下的网络教学模式应该怎样进行，是非常有必要的。

（二）输入假设理论

克拉申认为大量的语言输入是语言习得机制发挥作用的必要条件。同时，他强调这种语言输入必须是有效的。有效的语言输入应具有以下特征：可理解性、趣味性、非语法程序安排、足够的输入量。此外，他认为语言输入全部是习得者能够很容易理解的材料也是不可取的。这将无法起到激发学生兴趣和动机的作用。

克拉申指出，为使语言习得者从一个阶段进入到另一个更高的阶段，所提供的语言输入中必须包括一部分下一阶段的语言结构。这样，学生可根据自己的水平通过不断的努力以及吸收所接触的语言材料，逐步提高其使用目的语的技能。克拉申特别强调，语言习得是通过理解信息，即通过接收“理解性输入”而产生的。这就是说学生一定要能够理解输入的语言材料，这些材料不能过于复杂，否则学生就会把注意力集中在语言的形式上，而无法集中在语言交流的意义上。一旦学生将他们的主要注意力放在理解语言的结构和复杂的概念上，语言输入就在一定程度上失去了其真正的目的。

网络教学模式是在现阶段我国英语学生语言输入环境不足的情况下诞生的，反映了学生的需求。相对于传统课堂而言，网络技术提供的巨大资源库和与教学软件相关的各种链接极大地弥补和扩充了传统课本在内容和形式方面的不足，为学生提供了广阔的学习空间，增加了学生的语言输入。

（三）建构主义教学理论

20世纪60年代，瑞士学者皮亚杰（Jean Piaget）提出建构主义这一概念。它属于认知心理学派中的一个分支。对于建构主义教学观而言，其与传统教学观的根本区别是对知识和教学主体作用的不同看法。传统观点认为，教育的目的是把前人所获得的知识传递给学生，学生是知识的被动接受者；建构主义则认为学习是以自身已有的知识和经验为基础的建构活动，每一项新的学习活动都与学生已有的知识和经验直接相关。建构主义理论倡导的学习不是由教师将知识传递给学生而是由学生自己建构知识的过程。学习不是被动接受信息刺激，而是主动地参与新信息的认识与理解的过程。

从上述理论可以看出，建构主义教学理论注重以原有的经验、心理结构为基础来建构知识，突出强调学习的主动性、社会性和情景性。杜秀莲认为学生要成为意义的主动建构者，就要在建构意义的过程中用探索、发现等多种方法主动去搜集并分析相关的资料和信息，要把当前学习内容所反映的事物和自己已知道的事物相联系。

教学理念和教学理论是网络教学模式的灵魂，也是构建网络教学模式的基石所在。但历史发展的实践过程和逻辑论证都表明，没有哪一种教学理念或理论是完全正确的，每种理论都有优点和不足，因而都有其适用的领域。我们在确定网络教学模式的理论指导之前，首先要正确理解各种思想理论的优点和不足以及适用的教学环境，然后根据自身的教学条件做出合理的选择。

三、网络教学模式的分类

基于不同的分类标准出现了不同的网络教学模式的分类。每一种分类都有依据和特征，这里以网络英语教学模式的教育学基础为出发点，以我国教育技术专家祝智庭教授提出的信息技术环境下教学模式类型为参考来探讨网络外语教学模式的分类。[①]

（一）网络自主接受模式

网络自主接受模式一般由三种要素构成：学生个体；学习内容，指的是网络课件，通过网络传输的，由计算机作为媒介呈现的图文、声像等语言材料；内容学习指导者，指的是计算机和教师。

网络自主接受模式所传递的主要是客观类的知识和技能，训练主要以选择、填空、拖动配对等具有明确答案形式的问题为主。通过设定计算机的识别和反馈程序，可以自动批改和矫正学生的错误并提供解答。另外，还可以设定计算机程序，使之自动探测学生的学习背景和学习风格等，然后提供适合的学习材料和学习路径等，这里我们可以把计算机称为“智能导师”，因为它实际上扮演了教师的角色。而对于学生在学习过程中遇到的各种问题，尤其是一些个性化的难

① 刘爱军.网络环境下大学英语合作学习模式的构建[J].中国电化教育，2011（06）：109-112.

题，以及人际情感沟通方面的问题，则需要教师通过网络交流工具如学习论坛来帮助学生解决。

（二）网络自主探索模式

网络自主探索模式的一般构成要素有：①学生个人；②任务/问题；③参考资源；④教学指导者。

在这一模式中，学习的主要目标是提升学生的语言应用能力，以完成某一具体完整的语言任务或针对某些问题阐明自己的观点作为学习的主要内容。在整个学习过程中，一方面学生可以参阅网络资源或图书列表，另一方面教师会通过电子邮件、论坛等交流工具检查并督促学生的进度，指导学生自己解决遇到的问题并给予必要的评价和总结。

（三）网络集体传递模式

网络集体传递模式的一般构成要素有：①学生群体；②学习资源：③教学指导者。

这一模式一般有两种教学过程。其一是完全虚拟的网络课堂。教师和全体学生在约定的时间登录属于他们的网络“班级”，教师在虚拟的网络课堂上讲解新课学习内容，组织练习、讨论等活动，对于学生的提问给予必要的反馈指导；其二是自学加集体指导型，学生选择自己方便的时间自主观看教师布置的学习资源，比如一些多媒体课件，然后教师通过网络实时教学系统为学生提供集体指导，讲解和答疑。

（四）网络协作探究模式

网络协作探究模式的一般构成要素包括以下几方面。

（1）学生小组。在小组中，学生扮演的角色是进行小组自主分工、制订协作计划、定期自查、完成计划、总结发言并提交作品。

（2）任务/项目。这是网络协作探究模式的核心要素，主要教学理念是让学生通过使用目标语言合作，完成较为复杂的项目或任务，提高自身的语言综合应用能力和团队协作能力。

（3）参考资源。

（4）教学指导者。这里的教学指导者即教师，在项目或任务的完成过程中教师给予必要的引导。

这种教学模式的宗旨就是构建一个虚拟的真实任务情境，帮助学生在这个情境中通过使用目标语言来提高外语水平。任务/项目的选择视学生的兴趣和掌握语言程度而定，如果学生小组的语言应用水平比较低，那么在设计任务、项目时也要与学生的语言能力水平相适应，不能差之太远。

第四章　英语教学手段改革新思维

近年来，随着科学技术的发展突飞猛进，越来越多的新技术，特别是多媒体与网络技术在英语教学中得到了越来越广泛的应用，从而为英语教学提供了新的思路与方法。本章就分别对多媒体与网络辅助下的英语教学进行阐述。

第一节　多媒体辅助英语教学新思维

一、多媒体概述

“多媒体”（Multimedia）源自20世纪60年代。最初，多媒体是指两个及两个以上的媒体组合成一个简单的系统，其材料是通过各种感官通道来进行交流的。[①]现如今，随着计算机技术、通信技术的迅猛发展，多媒体的定义也逐渐深化和拓展。很多国内外专家、学者从不同的角度对多媒体进行了界定，归结起来主要有如下几种。

（1）对于技术人员来说，多媒体是一系列软件与硬件的集合。

（2）对于创作群体来说，多媒体可以用于创作多种多媒体产品和软件系统。

（3）对于用户而言，多媒体是一种以计算机作为控制媒介的技术。

基于用户的角度，一些学者给予了多媒体明确的定义。例如：

（1）多媒体是建立在传统计算机功能的基础上，即包含文字、图形、图像、逻辑分析等，与音频、视频以及为了创建与表达知识的交互式应用之间相结

① 王琦.信息技术环境下的外语教学研究[M].北京：中国社会科学出版社，2006：140.

合的产物。

（2）多媒体是集合文字、图形、音频、视频、动画为一体，而计算机是使这些媒体之间黏合和联系的胶水。

（3）多媒体是集合两种及以上应用功能的计算机技术，这些应用功能可以是静态的，也可以是动态的。

二、多媒体技术的特征

多媒体技术将多种媒体手段进行有机结合，从而为英语教学注入了新的活力。概括来说，多媒体技术的特征主要表现在以下几个方面。

（一）多元的教学模式

基于多媒体技术的英语教学模式更加多元化，不断激发学习者的学习兴趣。在传统的教学模式中，不同班级之间，甚至同一班级内的学习者之间总会出现两极分化情况。通过运用多媒体手段，教师可以根据学习者的自身情况、个体差异来选择教学内容、教学手段，从不同学习者的思维方式和个性特征出发，进行个别化教学。这种教学模式不会受到时间、空间的限制，教师可以随时给学生提供学习的机会和内容，让不同水平的学生运用适合自己的学习方式来展开英语学习。多媒体教学应用于英语教学可以不断增强学习者的学习成功率。这是因为，在这一环境中，多媒体扮演了教师的角色，更加耐心和公平，学生的压力和压抑情绪也逐渐降低，从而敢于尝试、敢于学习，增加了学习者学习的成功率。

（二）灵活的教学手段

基于多媒体技术的英语教学使其变得更直观、便利、灵活和有效。一般来说，英语教学中常用的教育技术有电声技术、光学技术、语言实验室技术、影视技术、网络技术、计算机技术，等等。幻灯片、投影灯在英语教学中的运用有助于教师呈现文字、图像等信息，对解说重点与难点、看图说话等有着重要作用。广播、录音等技术是英语教学中应用最早且最广泛的技术，它们成为听力与口语教学及训练的必备。电影、电视等技术的发展不仅提升了学习者英语学习的兴趣和积极性，也为学习者生动地展现了语言学习的文化背景，等等。可见，教学手段更具灵活性。

（三）可自主选择的学习信息

在传统教学中，教师经验占据重要地位，教材、参考书等作为参考资源，学习者并没有多余的选择空间。但是，自由选择是学习者进行自主学习的关键和前提。在多媒体环境下，学习者不能被那些仅有的信息源牵制，需要在广泛的多媒体信息源中寻找丰富的学习资料。在多媒体资源中，学习者可以根据自身情况来设计、安排学习，从而使自己成为学习的主体。在多媒体学习中，学生能够从信息的接受、表达与传播的集合中，获取一种成就感，进而激发自己的自主性和学习积极性。①

（四）要求相互协作的学习任务

基于多媒体的英语教学还体现了学习任务的协作性。早在1930年，很多学者指出协作学习有助于提升学习者的学习效率。从近几年的研究中发现，协作学习要比个别化学习、课堂讲授有更大的优势。协作学习的实质是让一些学习者合作完成某项任务，如果任务中遇到问题时可以协作解决，学习者在对知识的建构中不断与同伴协调、沟通与合作，从而共同完成学习任务，也共同承担最后的结果。通过协作学习，学习者对知识会产生更深层次的认知，并逐渐构筑成适合自己的学习方式。②

三、多媒体技术在英语教学中的应用

听、说、读、写、译是英语的五项基本技能，将多媒体技术应用于英语教学的过程就是将多媒体技术与具体的技能教学相结合的过程。下面分别阐述多媒体技术在英语听力教学、口语教学、阅读教学、写作教学与翻译教学中的应用。

（一）多媒体技术在英语听力教学中的应用

1.培养听力自主决策能力

在多媒体环境下，学生听力自主决策能力的培养要注意以下两个方面。

（1）要培养掌握、收集、整理、利用信息的能力。学生要能根据教师布置

① 牛红卫.网络教学特点与模式探讨[J].中国成人教育，2006（7）：133.

② 敖冰峰，杨扬.关于多媒体网络教学的研究[J].应用能源技术，2006（9）：48.

的学习任务，借助现代信息技术自行搜索、采集信息，对获取的信息进行分析、整理，并充分利用这些信息提高语言能力。此外，还要通过现代信息技术，让学生对自身自主学习的效果进行评价。

（2）学习并掌握获取信息的硬件知识。只有掌握了现代信息技术的操作技能，学生才能实现与老师或者同学通过网络技术的实时交流。

总的来说，借助于多媒体技术所提供的网络化虚拟课堂，学生的角色发生了转变，他们从知识的被动接受者转为听力理解过程中意义的自主建构者。他们以自己的整个身心去感受听力语篇中呈现的各类信息，同时借助多媒体将自己的观点与思想生动地传达出来，主动参与学习交互活动，培养了自主学习的能力。

2.建构听力学习环境

听的本质是一种交际活动，学习成功与否的关键因素在于学生。基于这两点考虑，在听力课堂上，教师应该充分利用现代信息技术，为学生构建良好的自主学习环境。具体来说，教师应该做到以下几点。

（1）利用多媒体资源丰富听力教学，激发学生的学习兴趣。

（2）教授学生一些对所听内容进行评论、提问的反馈语，如“Really？”“I don’t think I understand you.Could you say that again？”“I beg your pardon.”等，使对话继续下去。

（3）为学生提供合作互动、沟通交流的机会，使学生在参与中逐渐掌握学习的方法，找到学习的乐趣，增强学习的动力。

（4）设计与真实语篇相关的课堂活动，采取小组合作的教学活动，从而减少学生对教师的依赖感，减少学生的焦虑情绪，使学生在合作交流中碰撞出思想的火花，增进学习的主动性。

（5）选用真实的听力材料，这样一方面能够增强学生对学习内容的认同感，另一方面也能使学生接触地道的语音、表达，有助于学生在日后实际的对外交往中听得更准确。

（6）为学生创建丰富的、真实的、有助于听力理解的交际语境，使学生犹如身处真实的语境中听一样，使他们能够感受到听的实用性，进而增加学习的兴趣和愿望。

（二）多媒体技术在英语口语教学中的应用

1.移动技术教学法

近年来，移动通信技术的发展可谓有目共睹，它为人们提供了一种丰富、生动且不受时空限制的信息交流方式，其在语言学习方面可提高学习效率、丰富学习交互、扩展学习时间等优势也逐渐显现。于是，越来越多的学者开始关注如何将移动技术与英语教学，特别是口语教学进行有机结合，并从多个角度对这种新的教学方法进行界定。黄荣怀教授采取了“移动学习”这个提法，并将其定义为“学习者在非固定和非预先设定的位置下发生的学习，或有效利用移动技术所发生的学习”。[①]在英语口语教学中采取移动技术教学法可为学生的口语练习提供全方位支持，丰富学生与英语的接触机会，并实现课内与课外的相互连接。

（1）课前自学。教师在课前对本单元的文化语境、相关知识点进行综合考虑，并据此制作长度适中的音频或视频短片，通过播客（Podcast）传递给学生。学生通过移动设备取得音频或视频文件后，可根据自己的实际情况安排选择适当的时间、地点进行自主学习。同时，相应的选择题或录音形式的口语作答还可帮助教师了解学生的学习情况。此外，课前的活动还能引导学生激活已有的背景知识，并事先进行充分的口语练习，有效降低焦虑、自卑、害羞等带来的负面影响。

（2）教师讲解。由于学生已经在课前对相关内容进行了自主学习，对知识点已有所熟悉，因此老师的讲解主要集中在一些重要的词汇、句式与语法项目上，讲解过程也不会像传统课堂那样枯燥。教师可在讲解过程中再次为学生播放音频或视频资料，从而使学生将所讲知识与语言材料结合起来进行理解。一般来说，教师可采取以下三个步骤。

第一步，教师先讲，学生后练。

第二步，教师先做示范，学生及时领会。

第三步，教师提问，学生回答。

在这三个步骤中，学生的语言输入量得到扩大，并得以进行大量的口语训练活动，从而深化对材料的认知程度。

（3）课堂互动。课堂互动可采取生生互动、师生互动等形式，旨在引导学

① 黄荣怀.移动学习——理论·现状·趋势[M].北京：科学出版社，2008：8-10.

生在具体语境中对语言进行灵活运用。需要注意的是，教师在设计互动活动时应坚持由易到难、由浅入深的原则，将创造性练习与半机械性练习、机械性练习与灵活性练习、高难度练习与可接受性练习相结合。课堂互动能创造愉快、轻松的学习氛围，为每个学生提供参与机会，有效弥补大班上课的缺点，使一些害怕开口的学生也敢于进行英语交流。需要特别说明的是，学生在参与互动活动的过程中可以随时通过移动设备来查找相关信息，使移动技术真正成为口语教学的得力助手。

（4）课后的移动式合作学习。课堂教学时间往往是有限的，只能引导学生对新知识进行初级的认知与练习。要想在真实情境中对语言进行更深层次的运用，则必须依靠课后的时间。教师可以本单元的主要内容与知识点为依据，为学生安排开放式的真实任务，以此来引导学生通过合作方式进行口语交际，使他们在探索语言运用方式的过程中扩展新知，并在发现问题、分析问题、解决问题的过程中培养创新思维。为保证每个学生可以顺利完成任务并在任务的完成过程中有所收获，教师可以学生的课堂表现为依据来进行分组。具体来说，教师可用短信的方式来通知学生分组情况与具体任务，使他们的合作学习得以顺利开展。学生在完成任务时可充分利用移动技术进行沟通，使生生之间、师生之间保持信息的通畅。学生可将自己的任务上传给教师，教师则可在阅览后进行及时回复并给出适当建议。

需要特别说明的是，形成性评价贯穿整个课堂内外的教学和学习活动过程中。及时的形成性评价能够使学生了解自己的学习状况并得到针对性的指导，从而增强自信心、获得成就感。学生之间的互评则将学生由被动的接受者变为主动的参与者，不仅提升他们的成就感与归属感，还有利于调动他们的积极性。此外，教师将学生完成的口语录音存入相应的电子档案袋，对于教师客观观察学生在一段时期内的学习变化情况十分有利。

2.微信教学法

2011年初，腾讯公司推出微信（We Chat）软件。这是一款支持多人语音对讲与图片、文字、视频传输的即时通信软件，其便捷的操作与强大的功能不仅吸引了众多用户，也引起了英语教育工作者的关注，以微信为平台来展开英语教学，特别是英语口语教学成为很多人的关注焦点。

为对学生的英语水平有一个准确地把握，教师可通过微信与学生进行一对一交流。此外，教师与学生之间还可建立多对多群交流，教师也可以参与学生群的活动。微信提供的语音支持为师生之间的交流提供了便利，极大地缩短了沟通时间，提高了沟通效率。通过微信进行交流，避免了课堂气氛带来的紧张情绪，有利于激发学生的学习热情，使学生能够以一种相对轻松的心态来参与英语学习活动。此外，教师可以通过微信来建立外语视听说教学的公众号，以一对多的方式向学生发送以图片、文字、音频、视频等形式呈现的英语材料，安排口语任务。学生接受资料与任务后就可根据自己的时间自行安排学习，在遇到问题时也可随时跟教师、同学交流，并在任务完成后进行上传。为了帮助一些能力较强的学生继续进步，教师还可为学生推荐一些较好的英语学习的微信公众平台，以便他们在课后自行练习。

具体来说，以微信为平台来开展英语口语教学应注意以下几个方面的问题。

（1）教师应对微信群的人数进行合理控制。一般来说，一个微信群的人数应控制在15人以内。如果班级人数众多，则可根据学生的爱好与水平进行分组或分层。

（2）教师应对微信群的讨论内容进行监控，应使讨论围绕英语口语话题展开，防止学生讨论与英语学习无关的内容。

（3）教师通过微信公众平台发送资料时可进行合理选择，应多发送一些短小精悍、设计精巧、主题鲜明、相关度高的资料。例如，教师可围绕圣诞节这一主题来选取相关的视听说资料，内容可涉及圣诞节的由来、圣诞节的常用祝福语、相关词汇、相关歌曲，等等。然后，教师可安排学生完成一些与圣诞祝福相关的口语练习任务，使学生在完成任务的过程中提高口语能力。

（4）教师对学习材料的选取应坚持循序渐进的原则，即按照由易到难的顺序。这是因为，大部分的学生的英语口语能力都较差，如果刚开始就选择有一定难度的材料，会使他们望而却步。相反，选择一些难度适中的材料，让他们能够听得懂、有话说，对他们克服练习中的害羞、紧张、焦虑情绪十分有利，从而树立信心，坚持练习，为后续的能力提升奠定基础。

（三）多媒体技术在英语阅读教学中的应用

1.发挥网络互动优势，激发学生的学习兴趣

基于多媒体的大学英语阅读教学提供了一个广泛的互动平台，让学生广泛参与其中。通过多媒体提供的空间，教师和学生可以上传学习资料，实现资源的共享。在具体的教学中，教师需要根据教材目的来建设一个网络阅读资料库，将教材中的重难点置于网络上，并且补充一些课外知识，以帮助学生理解和掌握。

另外，为了避免学生乏味，教师应该将多媒体的优势发挥出来。也就是说，教师在学习资料中添加一些图片、漫画、视频等，在字体、排版上也凸显一些特殊的地方，让学生一目了然，并且能够吸引学生的注意力。

2.科学合理地选择阅读材料

英语阅读本身属于一门练技巧的课程，学生需要通过大量的阅读练习来掌握技巧。科学合理地选择阅读材料是最为关键的部分。在多媒体环境下，材料内容需要与课堂贴近，成为课堂内容的一环。在阅读课堂开始前，教师应该让学生提前搜索一些阅读材料，培养学生网上查询资料、获取信息的能力。之后，教师对学生寻找的资料进行仔细阅览，并将这些资料介绍给学生，要求学生以小组的形式进行交流。最后，教师要求学生做总结报告，教师根据学生的报告给予一些口头的评价。

3.科学地进行评估与分类指导

基于多媒体的大学英语阅读教学有明确的评估目标和标准。在设计一套科学合理的教学评估方法时，教师可通过对阅读素材的生词词汇量、语法难易程度、句子长度等的评估来衡量学生的阅读理解能力。同时，教师可以对学生的在线时间进行统计，从而计算学生的阅读时间和阅读效率。

此外，教师还要考核学生在有些题型上的错误率，对学生阅读技能的掌握情况进行分析。在教学任务完成后，教师还需要进行总结和评估，对重难点进行分类指导。

4.积极开展课后拓展阅读

在课堂阅读的基础上，教师应该积极开展课后拓展阅读，并着重于学生阅读与动笔练习的结合。通过长期的训练，学生在阅读中能够快速集中注意力。教师在引导过程中，可以根据教材各个单元的内容来开展活动，如可以要求学生从

自身感兴趣的话题搜索，整理并做书面报告，进行演讲比赛。通过这些活动，学生不仅可以对各个单元的内容有一个很好的掌握，还能够锻炼学生的写作和归纳能力。

（四）多媒体技术在英语写作教学中的应用

1.利用E-mail辅助大学英语写作教学，加强师生间、生生间的交流

E-mail对于大学英语写作教学来说，是一个十分有利的助手，其有助于加强师生间、生生间、学生与普通网友间的交流。在写作过程中，学生将自己的稿件利用E-mail发给教师或同学，然后教师和其他同学对这篇文章进行修改，并提出意见，最后该学生对自己的文章再重新进行整理。另外，教师鼓励学生找一些国外的学生进行E-mail的交流，了解不同国家人们的生活、学习、旅游、家庭、毕业动向等情况，通过这些感兴趣的话题，有助于提升学生的写作热情，进而提升他们的写作水平。

2.倡导学生运用多媒体技术支持英文写作

多媒体技术的出现打破了时空的限制，实现了资源共享，是对英语教学资源的补充。将多媒体技术引入大学英语写作教学中，让学生上网搜索相关信息，进而对检索的信息进行分析和探讨，最终将自己的见解表达出来，完成写作。现代的大学生都十分热爱上网，教师可以起着指导作用，利用网络资源来增加学生进行英语写作的机会，激发学生的学习兴趣，教师也需要经常给予指导与监督，形成一种交流的氛围。

3.利用计算机文字处理程序辅助大学英语写作，代替原有写作形式

计算机文字处理程序具备对标点、拼写、大写、小写等进行检测的功能，因此为学生提供了十分有利的工具。“拼写与语法”功能能够使学生降低拼写错误，并查出一些简单文法上出现的错误；“编辑”功能使句子段落的连接、组织、转移等变得轻松，写作者可以通过添加、剪切等手段来修改文章。另外，有的计算机文字处理程序还带有词典，因此学生可以迅速查询词的意义和用法。

总之，计算机文字处理程序的功能一定程度上减少了写作的重复劳动，省下了很多时间，因此学生能够花费更多精力在写作上，增强了他们对写作的兴趣和积极性。

（五）多媒体技术在英语翻译教学中的应用

1.制作教学课件，建立翻译素材库

多媒体课件是一种新的模式，它的制作依靠个别教师很难完成，且教师自身的知识结构、时间资源等也都是非常有限的，因此新模式更强调资源共享、集体备课。

制作教学课件，建立翻译素材库，教师需要注意如下几点。

（1）在翻译教学内容上，教师除了注重精讲，还需要注意多练。翻译毕竟属于英语教学的一部分，因此不可能占据多余的课时。这就要求教师应该从教学大纲出发，通过集体讨论对精讲的翻译理论和技巧进行确定，为教师提供一个框架。同时，教师要根据自己的情况进行局部的更改和发挥。另外，在具体的实践中，教师设计的翻译练习要保证题材、体裁多样，难度要适中，并能够及时做到调整和更新。

（2）在翻译教学方法上，教师应该课堂与课外相结合。传统的翻译教学模式往往教师讲得比较多，学生练习的机会少，学生是被动的，这就导致学生很难有兴趣去了解翻译技巧，所以课堂内的讲练结合是十分必要的。在练习的基础上，教师给予一些指导性的意见，引导学生归纳自己的翻译技巧和方法。

（3）在翻译教学建设上，要及时补充，更新翻译素材库。从具体的、大量的教学实践中归纳出理论，然后将这些上升为理性认识，反过来对实践进行指导。翻译素材也要与时势相符，是对当代社会各个层面的反映，其难度要体现层次性。教师也要发挥主观能动作用，不断地扩充素材库。

2.扩大课堂信息量，克服课堂教学的局限性

如果仅仅依靠课堂教学，那么课时必然是有限的，因此需要利用校园网来扩大课堂信息量，从而克服课堂教学的某些弊端。在具体的教学中，教师以学生为中心，以多媒体为手段，降低学生的焦躁情绪，缓解学生的紧张。同时，为了弥补课时的不足，教师可以将课堂上未叙述详细的翻译模块放在网络上，让学生自主进行选择学习。

此外，教师需要有计划性地增大难度，加强学生对跨文化交际、英美文化的了解，开拓学生的眼界。大学生通过校园网对中英文文章进行阅读，自行进行翻译，与优秀译文进行对比并探讨，最终仿照原文写作形式来提高自己的翻译

水平。

在练习的过程中，学生可以从自己的专业和兴趣出发。如果学生学的是医学专业，那么他们可以选择医学材料进行翻译练习；如果学生学的是旅游专业，那么他们可以选择旅游材料进行翻译练习。

3.展开翻译课堂教学，增加英语习得

各大高等院校可以直接使用与教材相配的多媒体教学光盘，但是由于各大高校的设备资源情况不同，且配套的光盘大多是缺乏系统性的翻译教学内容，因此教师需要根据不同的情况来制作多媒体课件。也就是说，多媒体课件的制作需要建立在教学过程、教学目标、教材内容、教学媒体的基础上，坚持互动性原则，以提升学生的自主学习能力，确保不同层次的学生在翻译能力上都能够得到提高和训练。

据此，在开展翻译课堂教学之前，教师设计的翻译教学模块需要利用声音、图片、动画等刺激学生的大脑，使学生之前难以理解的翻译理论变得更为生动、有趣。在具体的翻译课堂教学中，教师既要对英汉互译的技巧进行分析和总结，还需要补充相应的中西方文化知识，使学生能够对翻译的基本常识得以系统掌握。虽然这样的教学模式还是按照译例分析—课堂翻译—课后练习的方式，但是其内容和形式与传统的翻译教学大不相同，主要表现在以下两个方面。

（1）形式上不再是单调的板书形式，而是以多媒体形式呈现，不仅节省了时间，还便于进行分级教学。

（2）内容上是针对不同层次的学生展开的，在课堂上由教师指导和学生自主选择，这有利于改善课堂教学的氛围。

第二节 网络辅助英语教学新思维

一、网络概述

一般来说，网络是由节点与连线构成的，其主要是表现不同对象及其相互之间的联系。从物理层面来理解，网络是从某种相同类型的实际问题中抽象出来的一种模型。从数学领域来理解，网络一般被认为专门指代加权图。在计算机领域，网络被认为是一种虚拟平台，其主要用于信息传输、信息接收以及信息共享。通过网络，人们可以将各个点、面、体等联系起来，实现资源、信息的共享。对于人类的发展来说，网络是极其重要的，它促进了科技及人类社会的发展。

自20世纪90年代以来，网络的发展日益迅猛，且在人们生活中普及开来。具体而言，其主要体现在以下两个方面。

（1）网络的规模在不断扩大。就目前来说，计算机已经在世界的每一个角落普及起来，且以每年翻一番的速度持续增长。其性能也在逐步提高，并经过专家学者的不断调试和改进，性能也更具有稳定性和实用性。

（2）网络的应用领域非常广泛，且是五花八门的，延伸到社会生活的各个层面。例如，信息查询、网络购物、文件传输、网络数学、远程医疗、电子商务等，可谓各个领域都有网络的涉入。

二、网络技术在英语教学中的应用

很多学者都对网络技术在英语教学中的具体应用形式进行积极探索。就目前的情况来，慕课、微课与翻转课堂等均取得了令人满意的效果。

（一）慕课

慕课是一种在线课程开放模式，是在传统发布资源、学习管理系统的基础上建立起来的课程模式，又称为“大型开放式网络课程”。慕课主要由具有协作精神与分享精神的个人组织的，他们将优异的课程上传到网络，可供需要的人下载和学习，目的是促进知识的传播和发展。

2012年9月20日，百度维基百科将慕课进行了界定，即慕课是一种以开放访问、大规模参加作为目的的在线课程。慕课的英文字母是MOOC，这四个字母分别有其代表的含义。

M：代表参与这种开放性课程的人数多，规模大。

O：代表这一课程具有开放性，只要是想学习的人都可以参与其中。

O：代表这一课程学习的时间是非常灵活的，想学习的人可以自主选择。

C：代表课程包含的种类众多。

作为一种新兴的英语教学形式，慕课模式往往会通过以下几个步骤进行教学，即课程设置多样化、上课方式多样化、考核方式多样化、传统课堂与慕课结合。

1.课程设置多样化

就当前的英语教学来说，慕课模式改变了传统教学模式的单一状况。就师资力量来说，传统的大学英语教师资源非常有限，所讲授的课程针对性也不明确。就教学材料来说，当前大多数高等院校使用上海外语教育出版社出版的《大学英语》《新世纪大学英语》以及外语教学研究出版社出版的《新视野大学英语》等，并没有采用与学生相适应的专门教材。就课程设置来说，虽然各大高校都设置选修课，但是这些选修课大多是为英语四、六级考试设置的。对此，慕课教学模式根据学生的兴趣和需要来选择课程，大大提升了学生的注意力，从而提高了学生学习英语的质量和效率。

2.上课方式多样化

虽然我国各大高校都在推进英语教学改革，上课形式也不再单一，但是仍旧将教师讲授作为中心，其中穿插的多媒体也只是一种辅助形式，是教师板书的延伸而已。但是，在网络多媒体不断发展的背景下，慕课模式实现了上课方式的多样化，学生可以坐在电脑前学习，或者手拿Pad进行学习。

3.考核方式多样化

在网络多媒体教育环境下，大学英语慕课模式的关键在于考核方式的多样化。如果仅仅依靠传统的笔试或者论文式教学，那么就很难将学生的实际水平测试出来。在慕课模式下，考核方式的多样化主要涉及以下两点。

（1）探索开放性的考试方式。

（2）探索个性化考核方式，即根据不同层次的考生设置不同的测试题目。

总之，无论是开放性的考核方式，还是个性化的考核方式，其目的都是激发学生的学习积极性和学习兴趣。

4.传统课堂与慕课结合

为了将慕课模式的优势充分发挥出来，应将传统课堂与慕课进行有机结合，首先应从以下两个方面来树立科学的认识。

（1）对于大学生来说，他们自身水平存在差异，因此要想让不同层次的学生适应慕课模式，有很长一段路要走。如果将所有的教学内容置于网上，那么那些本身自制力差的学生就更容易放弃，这当然是我们不愿意看到的。

（2）大学英语慕课模式教学也有很长一段路要走，因为需要对教师进行培训，还需要准备与之配套的教学硬件设备。

当前属于新旧交替时期，教师仍旧扮演着重要角色，具体体现在以下三个方面。

（1）教师还需要了解不同学生的自主学习能力，锻炼学生的心理素质，使他们尽快适应新兴的教学模式。

（2）教师需要对学生的基本情况有一个清晰的了解，保证慕课课件能够被大多数学生理解和把握。

（3）教师应该积极探索能够激发学生主动性和积极性的慕课课件。

总之，慕课的出现能够为学生提供最新的发展评估和专业动向，有助于激发学生的学习动机和兴趣，促使学生提升自己的专业能力，解决英语教学与自己专业的问题。此外，慕课模式通过开放性的网络平台给学生提供了有针对性的教学，便于缓解教师教与学生学的矛盾。同时，该模式不受时空限制，既有利于促进基础好的学生能力的发展，也有利于基础差的学生知识的巩固。

对于我国学生而言，英语是第二语言，因此本身缺乏语言学习的环境，导致学生在课堂上学到的知识很难在现实中应用。很大程度上说，这降低了学生学习英语的成就感，也对日后学生的语言能力提升十分不利。慕课的出现能够为学生创设良好的语言学习环境，即学生可以接触到真实的语言，甚至可以与世界上其他国家的人们进行交流，这都有助于提升学生自身的听说能力。

此外，我国的英语教学主要是围绕课堂教学展开的，面对短暂的教学时间、繁重的课业压力，课堂教学很难给学生带来充足的知识。相比之下，慕课教学模式以网络为平台，向学生提供丰富的知识，方便学生进行提取，不仅扩大了学生的知识储备，还提高了学生的学习效率和激发学习兴趣。

（二）微课

1.微课概述

从字面上来说，“微课”有如下三个层面的阐释。

（1）对于“教学资源”这一概念，微课具有丰富的教学资源，如数字化学习资源包、在线教学视频，等等。

（2）对于“课程”这一概念，微课是有计划、有目标、有内容、有资源的。

（3）对于“课”这一概念，微课是“课”的一种，是一种课式，即微课是一种短小的教学活动。

但是，对其内涵进行挖掘，可以发现微课是一种具有单一目标、短小内容、良好结构、以微视频为载体的教学模式。微课的最初理念是通过正式或者非正式的学习方式，人们不断对短小、主题集中、与实践紧密结合的专业知识进行学习，从而加强学习效果，促进知识的内化。

在这一理念基础上，我国学者对微课模式展开了重点研究，很多学者提出了自己独到的见解。

胡铁生、黄明燕、李民认为，“微课又可以称为‘微型课程’，是建立在学科知识点的基础上，构建和生成的新型网络课程资源。微课以‘微视频’作为核心，包含很多与教学配套的扩展性或支持性资源，如‘微练习’‘微教案’‘微反思’‘微课件’等，从而形成了一个网页化、半结构化、情境化、开放性的交互教学应用环境和资源动态生成环境”。[①]

焦建利认为，“微课是以某一知识点为目标，其表现形式是短小精悍的在线视频，主要应用于教学和学习的一种在线教学视频”。[②]

① 胡铁生，黄明燕，李民.我国微课发展的三个阶段及其启示[J].远程教育杂志，2013（4）：36–42.

② 焦建利.微课及其应用与影响[J].中小学信息技术，2014（4）：13–14.

黎加厚认为，“微课是时间在十分钟内，教学目标明确、内容短小，能够对某一问题集中说明的微小课程”。[①]

上述这些学者的概念各都具有针对性，并一定程度上反映出微课模式的基本特征，虽然具体内容存在某些差异，但是其理念和核心基本一致。涉及综合性问题，本书更倾向于胡铁生的定义。本书认为，微课从本质上是一种对教与学进行支持的新型课程资源。并且，微课与其他与之匹配的课程要素共同构成了微课程。从这点来看，其属于课程论的范畴。当学生通过微课模式开展学习时，他们就是以微课作为媒介与教师产生交互活动，通过面对面辅导、在线讨论等进行直接交互，从而产生有意义的教学。从这点来说，其属于教学论的范畴。

2.微课的课程要素

概括来说，微课的课程要素通常包括四个方面，即目标、内容、活动、交互和多媒体。

（1）目标。目标是指教师预期微课模式的适用教学阶段，以及期望教学所要达成的结果。大学英语微课模式主要包含以下两层含义。

第一，应用效果，即教师在使用微课模式后期望学生所能够解决的具体问题，如掌握某一题目的解题技巧、引发学生思考，等等。

第二，应用目的，即设计开发微课模式的原因。这与微课模式是在课前、课中还是课后运用有关，如为学生的课后练习提供指导而制作的相关练习讲解的微课。

一般来说，微课模式的目标是具体明确、单一的，其对于微课内容和应用模式的选择起着重要的指导意义。

（2）内容。内容是指为微课模式的预期服务的，与特定学科相关的有目的、有意义传递的信息与素材。也就是说，大学英语微课模式的内容是教师实现预期目标的信息载体。根据微课的目标，并结合学生的学习情况以及准备应用的教学阶段等教学实际来设计微课模式的内容。微课内容不同，教师对教学活动的设计也不一样。但是，由于微课的时间很短，内容上往往具有短小精悍、主题明确、独立的特色，因此需要教师对微课内容进行精心选取。

（3）活动。活动是主体与环境的相互作用过程，其中环境涉及主体本身、

① 黎加厚.微课的含义与发展[J].中小学信息技术，2013（4）：10–12.

其他主体以及客体。①这里所说的“教的活动”是指教师这一活动主体与特定微课内容这一客体之间的相互作用过程，通过这种相互作用，向学习微课的学生将教学信息有效传递出来，以帮助学生对课程内容进行理解与思考。教的活动是实现微课目标的一种有效方法。从方法上来说，教的活动可以分为教师的演示、讲授、操作及其与其他主体间的互动等活动类型。

（4）交互和多媒体。要想完成微课中教的活动，教师必须要借助某些特定工具，来保证学生能够正确理解微课内容的意义，从而实现学生与微课的相互交流。在微课模式中，这种工具主要包含以下两种。

第一，信息呈现工具——多媒体。多媒体能够更好地帮助教师对教学内容进行表达和解释，提高学生在进行微课学习时与学习资源间的交互有效性，如微课中课件、动画、图形、图像等的呈现。

第二，交互工具。学生进行微课学习，能够促进学生与微课间进行操作交互和信息交互，其交互的类型与形式如表4–1所示。

表4–1　微课的交互类型与形式

类型	形式	直接交互对象
概念交互	引发认识冲突的言语	学生与多媒体信息
	引发认识冲突的画面	
	具有提问性质的言语	
信息交互	叙述性的言语	
	叙述性的画面	
操作交互	人与机器间的交互工具	学生与交互界面

3.微课的实施

由于微课的四大因素是相互影响、相互关联的，因此在开展大学英语微课教学时，教师可从以下三个方面来入手。

（1）加强资源开发，实现共建共享。当前的英语教学中仍旧存在着教学资源不均衡的情况。而微课的出现，使得优质的教学资源可通过网络传送到全国的

① 李松林，李文林.教学活动理论的系统考察与方法论反思[J].外国中小学教育，2008（1）：10–15.

高校中，从而实现资源共享。

（2）提升微课录制技术。微课录制技术更追求质量，而且要尽可能地简单，使教师乐于录课，并能够快速提升自己的微课录制技术。另外，微课的研究人员需要在网络多媒体技术上进行改进和发展，追求卓越，尽可能地使微课模式普及开来。

（3）建立微课学习平台。微课模式主要建立在视频这一载体上，同时还需要一些辅助模块，如微练习或互动答疑等，这些对于提高学生的学习兴趣、培养教师的信息化应用能力十分有益。其中，一个较为创新的方法是微慕课平台，即使微课模式展现出慕课模式的系统性和专业性。这一平台具有一定的知识含量，且结构灵活、系统性强、制作成本低等优点。

4.微课的优势

如上所述，微课作为一种新兴的教学形式在英语教学中的优势非常明显，具体体现在以下几个方面。

（1）资源容量小。通常情况下，微课模式中的教学视频及配套资料的容量约为几十兆，容量一般比较小。视频格式多为支持网络在线播放的流媒体格式。在英语教学中，微课这一模式有助于教师与学生间流畅地展开交流。

（2）教学时间短。一般来说，大学英语微课教学视频时长为3～8分钟，最长也不应超过10分钟。相比之下，传统课堂教学时间长，一般为40～45分钟。微课常常被称为“微课例”或“课堂片段”。也就是说，微课教学时间短。在当前的英语教学中，使用微课模式展开教学有助于集中学生的注意力，并将这些注意力集中在教学的黄金时段。

（3）教学内容少。微课模式主要是对课堂教学中某一知识点教学的凸显，或者是对教学中某一环节或者某一主题活动的反映。与传统教学内容相比，大学英语微课教学内容精简，更符合教师的需要。

（4）主题鲜明，内容具体。微课课程的开展是建立在某一主题上的，其研究和探讨的问题也主要来自具体、真实的教学实践。例如，教学实践中的关于教学策略、学习策略、重点难点、教学反思等问题。

（5）成果简化、多样传播。由于微课教学内容主题鲜明，内容具体，因此其成果易于转化和传播。同时，微课教学时间短、容量小，因此其传播的方式也是多种多样的，如网上视频传播、微博讨论传播，等等。

（6）反馈及时、针对性强。微课教学内容少、教学时间短，因为可以在短时间集中开展“无生上课”活动，因此教师和学生都可以迅速获取反馈信息。此外，每一位学生都可以参与进课前组织预演，相互学习与进步，这在一定程度上有助于减轻教师的压力，保证英语教学活动顺利开展。

（7）资源构成情境化。大学英语微课教学的内容通常具有鲜明的主题，且指向也完整、明确。教学视频片段是微课的主线，并以此对教学设计及其他教学资源进行统整，从而构筑成一个类型多样、主题凸显、结构紧凑的“主题单元资源包”，也创造出一个真实的教学资源环境。这就使微课资源具有了视频教学案例的特征。这样真实、具体的情境不仅有助于学生提升自己的思维能力，还有助于提升教师的教学技能和学生自己的学业水平。

（三）翻转课堂

1927年，翻转课堂模式是由美国人萨尔曼·可汗（Salman Khan）提出的，他首次利用网络视频展开翻转课堂授课，并取得了巨大成功。可以说萨尔曼·可汗是翻转课堂模式的创始人。所谓翻转课堂模式，是指在课堂进行之前，学生利用教师给出的视频、音频、开放网络资源、电子教材等学习材料，自主完成课程内容，然后在课堂上主动参与教师的互动活动，最终完成学习任务。

在传统教学模式中，知识习得需要经历知识讲授、知识内化、知识外化三个步骤。通过课堂，教师完成知识的讲授，而学生在课后任务和作业中完成知识的内化。但是，在当前云教育、云学习的技术条件下，学生可以通过“云课程”及媒介来展开教学，当学生在学习中遇到困难时，教师可以对其进行排解和启发，既保证了师生之间的平等交流，也保证了学生知识的进一步深化。简单来说，从先教授后学习转向先学习后教授，这就是所谓的课堂翻转。

翻转课堂教学的基本流程，涉及如下两大层面。

1.进行课前安排

在课前安排方面，教师要为学生准备充足的学习资料，如微视频教程、电子教材，等等。

（1）微视频的设计。微视频是当前翻转课堂模式常用的学习资源，具有很强的针对性。在课堂开始之前，教师可以根据课堂学习目标准备两个或三个微视频，一个微视频仅介绍一个知识点就可以，如果介绍的内容太多，会影响学生的理解和学习。对于微视频的设计，教师需要注意以下几个方面。

第一，学生在课前学习过程中，可以利用网络多媒体软件等与其他学生进行交流与沟通，将自己学习中的难题和疑问排除掉，促进学生彼此间的提高。

第二，英语教学视频的视觉效果、互动性、时间长度等都会对学生的知识习得产生影响。在微视频中，教师要对学习内容进行合理设计，并设计课前练习的难度与数量等，以帮助学生将新旧知识结合起来。

第三，在微视频的制作上，教师不仅需要重视整体上的视觉效果，还需要突出学习的要点和主题，根据知识结构来设计活动，为学生构建内容丰富、形式新颖的平台，让学生对微视频学习产生更大的学习积极性。

第四，在微视频的设计上，教师还需要考虑学生的适应性。刚接触视频时，学生很难集中自己的注意力，他们更专注于笔记的写作。为了改善这一局面，教师可以为学生构建视频副本，帮助学生解除后顾之忧，引导学生对档期视频内容进行关注。

第五，当学生完成微视频的学习后，需要对自己的学习情况进行总结。

如果遇到问题，可以将这些问题反馈给小组长，然后由小组长向教师汇报。

第六，当微视频制作完成之后，教师可以将这些视频上传到网上，学生可以通过学校网络随时下载。

（2）电子教材的设计。在电子教材的设计上，应该注重其完整性。也就是说，纸质教材的内容及附加的包含音频、录像、解释材料等在内的注入电子教材中。此外，还有语料库数据、相关网站等资料，可以运用链接形式注入电子教材中，便于教师和学生使用。

电子教材除了设计要保证完整性外，还需要遵循一些次要原则。

第一，模态分配分类化原则。模态分配分类化是指根据不同的教学条件和教学对象来分配不同的模态组合。著名学者陈敏瑜在对多模态进行研究时，发现大学教材中的绘图大多为纲要式或者抽象式图表，而小学教材多为漫画式，这就说明教材的编写是根据学生的认知能力和基础知识界定的。在设计电子教材时，同样需要考虑学生的认知能力和知识水平，如文科生适合形象化的模态，而理科生适合抽象化的模态。

第二，模态协作化原则。由于电子教材的设计涉及多模态形式，在运用多模态时需要考虑几个因素：一是运用多模态能否产生正面效应，其教学效果的大小如何；二是现有的设备条件是否适合使用多模态，能否为教师留有选择的空间；三是多模态形式能否进行强化和互补；四是多模态的运用是否会出现冗余，避免产生浪费。

第三，个性化原则。电子教材设计的个性化是从学生的个性特征出发来组织教学。由于学生的起点不同，其使用的模态也必然不一样。为学生提供多种可供选择的教学模态，有助于提升学生的学习兴趣，避免出现“一刀切”的情况。

第四，超文本化原则。在电子教材中，教学材料是主语篇，而提供背景、解释、练习材料的是小语篇，二者通过不同层次的方式构成一个相对复杂的语篇网络。

第五，模块化原则。所谓模块化，是指电子教材的设计以阶段性目标为核心，根据这一目标为学生设计教材，并在此基础上设计完成任务和目标的措施和方法，指导学生根据步骤来学习，为实现自己的目标努力。

第六，协作化原则。在多模态学习的环境下，学生要相互进行协作，以小组的形式来完成学习任务、实现学习目标，进而提升整个小组成员的知识水平。

2.展开课堂教学

在翻转课堂上，教学大概涉及五大步骤：合作探究、个性化指导、巩固练习、反馈评价以及课程总结。

（1）合作探究。第一，合理分组。合作学习实际上就是小组学习。合作学习中组员之间的结构是十分重要的，因此教师在分组时要注意各小组成员在能力水平、知识结构上的多样化。同时，各小组成员之间保持个性特征的均衡也有利于各个小组间进行竞争和学习。一般来说，小组内的成员应该进行分工，即每一位成员在小组内都应该体现自己的作用和位置，在完成任务的过程中能够积极地进行思考。另外，各小组成员应该遵循“组间同质，组内异质”这一原则，保证小组成员中具有不同层次的知识水平，提升小组内能力欠佳学生的积极性，促使任务的完成。

第二，策划和提出问题。小组合作的内容要具有操作性，即设置的问题能够进行讨论。在课堂开始之前，教师应该根据不同的学习内容和任务明确分组的原则，明确规定小组内各个成员任务以及完成任务的时间。在合作学习中，教师处于引导者的地位，为不同学习小组制定不同的学习任务，使各个小组间能够相互合作、共同学习、共同进步。

第三，合作实施，控制过程。小组合作学习并不是在任务开始时就要求一起完成任务。实际上，在任务开始时，小组成员需要对任务进行研究和探讨，且各个成员间独立进行思考，通过独立的思考来促进和发展思维。此后，小组成员之间对思考的成分进行交流，发表自己的观点和看法，最后对各种信息和观点进行汇总，组合成一个一致的观点。当然，小组内还需要一个发言人，这一发言人需要将观点和看法向教师反馈。

（2）个性化指导。在个性化指导阶段，教师需要为各个小组解答问题与疑惑。在合作探究中，不同小组会产生不同的问题，教师应该根据不同的问题进行个性化指导并解答问题；对于一些共性问题，教师可以集中起来予以解答。

（3）巩固练习。在巩固练习阶段，在教师的个性化指导下，各个小组需要进行总结，并通过不断练习来加深印象，对重点、难点知识进行巩固。另外，这一阶段需要各个小组间的学习与交流，引导学生间共享学习经验和知识。

（4）反馈评价。对小组合作学习情况的评价主要包含两个方面：一是对小组及小组内成员进行评价；二是对学习过程和结果进行评价。在对各学习小组进行评价时，教师需要将重心放在整个小组任务的完成情况上，而不是某一小组成员的成绩。同时，教师还需要评价小组内成员参与的主动性、积极性，这样既可以激发小组内成员的热情，调动学生学习的积极性，防止学生产生依赖，更好地实现合作学习，还可以为其他小组内的成员树立榜样。

（5）课程总结。课程总结是合作探究的最后一步，各小组间进行交流与信息沟通。教师应该给予小组内不同成员充分的支持，使各个小组都能够顺利完成学习任务，实现既定目标。

由上可知，翻转课堂模式是对师生间、生生间互动关系的强化，让学生最大限度地发挥了主观能动性，即学生掌握了主动权。虽然传统课堂中教师也会辅导学生，但由于受传统理念的影响，这些教学改变只存在于形式上，教学活动仍侧重于讲授，学生完全没有占据主体地位。在网络多媒体环境下，翻转课堂模式获取了名正言顺的地位。在翻转课堂中，学生根据教师提供的资源首先进行自主学习，体现学生的主体地位，然后在课堂上与教师展开讨论，深化自己的知识。

此外，翻转课堂使学生对教师的依赖性降低。这是因为，翻转课堂中知识的习得被置于最前的位置，学生的自主性逐渐提高，有效淡化了学生对教师的依赖。在自主学习中，学生不得不将自己获取帮助的想法转向其他同学，经过一段时间后，学生便成为一种习惯，主动接受学习知识的过程，与其他同学进行探讨和交流，这样不仅可以提升学生的知识水平，还能提升他们的人际交往水平。同时，翻转课堂模式还扭转了传统教学模式下学生的学习观念和学习态度。翻转课堂中的学习内容是根据学生的需要、兴趣来定位的。在总体学习目标下，学生从教师提供过的途径、学习材料完成知识建构，提升自身的知识水平。

总之，大学英语翻转课堂模式不仅是对课前预习效果的强化，更是对课堂学习效率的注重和提升。对于教师来说，通过课堂活动设计来使学生知识内化是教师的重要任务，也是大学英语翻转课堂教学的目的。基于此，教师在设计课堂任务时应该对写作、情境等要素予以充分利用，引导学生通过真实体验来实现知识内化。对于大学英语翻转课堂而言，学生展开学习的基础在于信息资源及技术工具等的运用。

第五章 英语翻译教学改革新思维

第一节 英语翻译教学的特征

一、翻译的性质

翻译是什么？不同的人对此问题有不同的看法，不同的看法会产生不同的翻译方法和策略。以下是持不同翻译观的学者对翻译的解释。

语言学翻译观可分为传统型和当代型两种。传统型语言学翻译观以19世纪以来的传统语言学理论为基础研究翻译问题。例如，英国的语言学家卡特福德（Catford）认为，“翻译是一项对语言进行操作的工作，即用一种语言（SL）中的文本（text）来替代另一种语言（TL）的文本的过程”[①]。张培基认为，“翻译是用一种语言把另一种语言所表达的思维内容准确而完整地重新表达出来的语言活动”。[②]

苏联语言学家巴尔胡达罗夫则认为，“翻译是把一种语言的连贯性话语在保持其内容及意义的情况下，改变为另一种语言的连贯性话语的过程”。[③]

当代语言学翻译观主要受当代语言学的影响，把研究的观点从语言本身扩展到交际语境、语域、语用等领域，认为翻译是一种交际活动，进而从语言的功能和交际的角度来研究翻译，一般注重的是翻译信息而不是文字，目的是与接受者

① 王菲菲.中西文化差异对英汉翻译的影响[J].泰安教育学院学报岱宗学刊，2010，14（02）：107+109.

② 朱冬碧.从英汉文化差异角度探讨文化信息的转换策略[J].浙江水利水电专科学校学报，2006（04）：68-70.

③ 张爽.商务英语特征及翻译技巧[J].海外英语，2017（11）：34-35.

沟通。在西方翻译理论上，持交际翻译观的代表人物是尤金·A·奈达（Eugene A. Nida）。尤金·奈达认为，“翻译就是在译入语中再现与原语的信息最贴近的自然对等物，首先是就意义而言，其次是就文体而言”①。这条定义常常被人引用。尤金·奈达认为，理想的译文应该由读者的反应来衡量，即译文读者对译文的反应应该与原文读者对原文的反应大致相同。②我国著名翻译理论家刘宓庆则认为，“翻译的实质是语际的意义转换”。③

文艺学翻译规则从文艺学的角度来解释翻译。他们认为，翻译是艺术创作的一种形式，强调语言的创造功能，讲究译品的艺术效果。文化学翻译规则以文化为重点来研究翻译。持文化翻译观的学者认为，翻译不仅是语言符号的转换，而且是一种思想文化的交流，“翻译是将一种语言所蕴含的意思用另一种语言文字表达出来的文化活动”④，“翻译是跨语言、跨文化的交流”。⑤

从以上持不同翻译观的学者和翻译理论家对翻译的定义或解释来看，翻译过程不仅涉及两种语言，而且还涉及两种文化。由此可见，翻译既是一种语言活动，也是一种文化活动。语言是文化的载体。翻译是通过语言机制的转换连接或沟通自身文化与异国文化的桥梁。实际上，翻译是两个语言社会之间的交际过程和交际工具，目的是要促进本语言社会的政治、经济或文化进步，任务是要把原作中包含的现实世界的逻辑映象或艺术映象，完好无损地从一种语言中移注到另一种语言中去。

二、翻译教学的目标

（一）翻译教学与教学翻译

在讨论翻译教学的目标之前，我们必须弄清翻译教学和教学翻译这两个概念。翻译教学与教学翻译相互关联但范畴不同。由于范畴之间存在着模糊的边界，所以到目前为止，很多教师都把两者混为一谈，造成了课堂教学处于两种概

① 贾德江.论文化因素对英汉翻译的影响[J].外语教学，2000（02）：56-61.

② 何瑛.奈达翻译理论分析[J].防灾科技学院学报，2007（02）：104-106.

③ 王燕.对刘宓庆翻译美学理论的思考[J].文学界（理论版），2011（06）：135+154.

④ 李欣芮.翻译理论在英语翻译教学中的应用研究[J].文化创新比较研究，2019，3（31）：121-122.

⑤ 江逸凡，谭咏雪，彭国琦，等.跨文化交际视角下张家界新兴景区公示语的日译——以袁家界为例[J].新西部（理论版），2016（09）：48-49.

念的中间地带。

翻译教学是在学生具有一定的语言知识的基础上，通过大量的翻译实践，指导学生学习和掌握两种语言的技巧和理论，提高翻译能力。教学翻译是指在语言教学的基础阶段，用翻译的方法训练、运用和掌握语言知识的一种教学手段。

有人认为，教学翻译是翻译教学的初级阶段，其实也不尽然。二者的主要区别在于，前者以外语为中心，是外语教学的辅助手段，后者将外语能力视为获得翻译能力的前提条件。后者是自成体系的翻译职业的培训。教学翻译附属于外语教学，以巩固外语知识为目的，其教学重点是外语的语言结构。而翻译教学是独立的学科，目的在于让学生掌握翻译职业的理念和技能，其重点在翻译技巧和解决问题的能力。二者的前提也不同：前者不要求学习者有很高的双语水平，而后者建立在对双语都比较熟练的基础上。

（二）翻译教学的目标及其实现途径

翻译教学是翻译人才培养的主要手段，是更高形式的翻译教育形式。一直以来，人们都把培养学生翻译能力看作翻译教学的主要目标。翻译能力研究成为20世纪70年代过程研究的重点课题之一。

威尔斯从双语视角方面提出，双语能力之间具有互补关系，共同构成翻译能力的基础。译者必须具备源语文本的分析能力和译语文本的产出能力。纽伯特认为，翻译能力是指“译者应对翻译过程中具有变易性的各种任务”的能力，具体包括语言能力、主题能力和转换能力。他还提出了翻译能力的五个参数，即语言能力、文本能力、主题能力、文化能力和转换能力。以这些概念为依据，翻译教学一直以双语文本为主要的研究对象，在大量的实践中不断提高译者的语言转换能力，也取得了一定成效。

但是，翻译教学的研究对象不仅仅是文本。译者作为翻译教学的主要培养对象，也应成为教学的主要研究对象。翻译能力对于译者来说只是一种动态的外在条件，译者素质才是译者的内在条件。要想使翻译教学走向全面化的发展道路，我们就必须将译者素质的培养纳入翻译教学中。译者素质是指译者从事翻译活动必需的生理、心理、语言等主观条件，主要由陈述知识和以陈述形式表征的程序知识构成，是译者能力得以形成和发展的前提和基础。

译者能力是译者素质的外化，主要体现为译者应用程序知识解决翻译问题的思维和行为过程。李瑞林教授将译者素质和译者能力统称为译者素养。他认为，“译者素养是两者综合发展的结果，主要表现为译者根据翻译情境和目的建构翻译的自主性、灵活性和创造性，是译者形成专家能力和可持续发展能力的主要标志。译者素养应是翻译人才培养的终极目标。”

随着翻译事业的迅猛发展，翻译已经不是简单的文字转换性质的劳动，它和社会各个领域都产生了千丝万缕的联系。将来的翻译工作者必定面临着多重身份，他们可能是语言的转换者，可能是信息的传播者，也可能是文化交流的使者或经济利益的创造者。翻译教学的目标势必要从培养翻译能力转化成培养译者素养，具体包括培养学习者的语言素养、知识素养、社会素养、批判素养和道德素养等，使翻译教学满足社会发展和人才培养的需要，为培养综合性翻译人才服务。

（三）实现翻译教学目标的途径

培养译者素养的翻译教学目标，为翻译教学指明了方向。而如何在有限的教学时间内达到最有效的教学效果是翻译教师正在思索和探讨的问题。为了达到翻译教学目标，可采取以下几种途径。

1.重视理论研究

有些教师认为翻译教学最重要的一部分应该是实践，学生应该在大量的实践中积累经验，只要有实践的积累就会有质的飞跃。各大院校也故意安排有实践经验的教师承担翻译教学课程，他们把自己的翻译经验和技巧传给学生，学生受益匪浅。这是一种很好的教学现象。但是，在任何情况下实践都不能脱离理论的指导，没有理论的实践是盲目的。翻译学者指出翻译理论是对翻译规律的系统性的研究，翻译理论不是对翻译行为做出规定或者限制，而是引导翻译工作者能动地掌握和运用翻译的客观规律。理论的导向功能可使知识迅速转换为能力。经过理论知识的武装，学生的翻译实践活动也会事半功倍。当然，目前的翻译理论派别不一，种类繁多。比较有代表性的有语言学派、功能学派、阐释学派、解构学派等等。

教师在翻译教学中不能把所有的理论原封不动地推给学生，那样会使学生陷入混沌不清的理论混战中。教学应该具有选择性，教师要有针对性地介绍某些对学生有益的理论，使翻译理论教学具有实际意义。

2.教学方法多样

目前我国大学教育，尤其是研究生教育没有设定统一的归化教材，各个学校可以根据自己的研究方向自行选定教材和安排授课内容。翻译教学也是如此，给教师留下了足够的发展空间和创新机会。要实现培养译者素养的翻译教学目标，教师在教材选择上要避免单一性，因为多维度的知识积累，有助于学生激发内在的潜力，全面发展。

此外，教师应打破传统的不断做练习、对答案的模式。我们要知道翻译没有绝对标准的答案。教师应该充分相信学生，让学生积极参与到课堂讨论中，让他们在不断地比较和探讨中获得新的认知。同一个文本在不同语境下评定标准是不同的，学生在讨论过程中兴许会发现自己的译本也有可接受性，从而信心倍增。而且，活跃的课堂气氛有助于师生之间的交流，有助于学生社会素养和道德素养的形成。

3.培养学生主体意识

这里所说的主体意识是指作为译者来讲的主体地位。以前，很多人认为翻译工作简单机械，把译者看作翻译过程中最不起眼的组成部分。因为在大多数翻译文本中，尤其是非文学翻译文本中，人们都看不到译者的名字，从而忽视了他们的存在。

但近几年，随着翻译研究的不断深入，译者的主体性地位得到了确立。学者们认为译者作为语言的转换者在翻译过程中承担着很多重要的责任。通过教学，教师要让学生懂得自己在翻译过程中的主体性特征。译者不是翻译过程的附属品，而是源文本向目的文本过渡的指挥者。译者的理解力和判断力直接决定着目的文本的走向。翻译教学要帮助学生树立主体意识，把自己看作翻译的主人，以积极健康的心态接受翻译任务。这种做法有助于培养学生的批判能力和创新能力。

新时期翻译教学的目标应该有所转变，应该从培养翻译能力提升到培养译者素养的高度。由于译者素养涵盖范围很广，属于非常复杂的系统工程，翻译教学面临着更加严峻的挑战。但是不管怎样，高层次的教学目标决定了高水平的教学结果。教师在教学过程中需要不断改进教学观念，善于采纳科学的教学理念，耐心和学生沟通，敢于进行创造性实践。翻译教学目标的确立有助于翻译课程的系统性和科学性，对翻译人才的培养起到积极的推动作用。

三、英语翻译教学的发展策略

（一）考试要考——四级新题型中翻译为必考内容

为适应我国高等教育新的发展形势，深化教学改革，提高教学质量，满足新时期国家对人才培养的需要，2004年初教育部高教司组织制定了《课程要求》。在此条件下，作为对我国在校学生英语能力是否达到《课程要求》的主要鉴定手段的大学英语四、六级考试也进行了相应改革，并于2007年1月全面实施改革后的四级考试。改革后，增添了翻译这部分的新题型。与以往作为四级考试备选题型之一的英译汉不同，新题型的翻译改为汉译英，增加了一定的难度。这种题型的考试形式是把句子补充完整，占卷面总分的5%。这充分说明在英语教学中对学生进行翻译技能的训练是十分必要的。因此在翻译教学过程中可适当选用四级考试的材料，也可结合四级考试中汉英翻译的要求进行教学，使我们的教学既为学生毕业后的进一步学习打下良好的基础，又能满足学生当前的需要，从而提高学生的学习积极性和学习效率。

（二）教材要编——大学英语教材中应多增翻译资源

目前，大多数英语教材中都编有英汉互译的句子以及段落，应该说教材已经为我们提供了基本的翻译练习机会和材料。但是以往有不少教师出于课时紧等种种原因或简单地将其作为课外作业布置给学生，或在课堂上简单地对一下答案，甚至直接用投影仪把答案放在屏幕上让学生自己核对，不做任何评讲和翻译技巧方面的指导。其实我们可以把它当作是培养学生翻译技能的一个重要手段。因为句子是人们表达思想、进行交际的基本语言单位，具有相对完整的意思。培养学生的翻译技能要从句子翻译开始。同时也要呼吁相关教育出版部门在教材中增加完善系统的翻译知识、翻译技巧，使师生能够充分利用教材资源，学有所依。

（三）教师要讲——将英汉对比法贯穿于英语教学中

任何翻译都和文化息息相关，语言是文化的重要载体。由于文化背景的不同使英汉语言各具特色，比如地理环境、生活习俗、习性、宗教信仰、历史典故、思维方式等方面的差异，我们不难从中透视两种语言所承载的不同文化信息，同时领略和欣赏其各自不同的语言风格与浓郁的民族特色。教师在翻译教学中要让学生对源语和译入语的文化做全面、透彻的认识和了解明白英汉两种语言文化的主要差异，才能真正达到翻译的标准，即“忠实和通顺”。

在具体的教学过程中应注意以下几点。

英汉句子中主、谓、宾的词序基本上一致，但同汉语相比，英语词序倒置现象较多，如“What a beautiful building it is!（多么漂亮的建筑啊！）”。

英语多用连词、介词来表示词、词组、句子之间的逻辑关系而汉语很少用。例如，“月满则亏，水满则溢”译为A fall into the pit，a gain in your wit.“城乡差别”其译文为the differences between town and country。

汉语常用无主句，而译成英语时则常用被动语态。例如：“一般地说，通过增加供给或减少需求可以降低物价。”译为Generally speaking，the price can be brought down by increasing supply or decreasing demand.类似的异同还有英语重语法而汉语重语义；英语有谓语动词、非谓语动词且有时态、语态的变化，而汉语动词可连用且无时态变化；英语谓语必须在人称、数上与主语一致，而汉语的句子结构较松弛。英语是形态语言，要求句子成分齐全，而汉语是逻辑语言，写句子“意尽为界”，句子的信息量没有语法形式上的限制，弹性大。所以教师如果能抓住英汉的这些特征，适时地对学生加以指导，学生就可以避免母语的负面影响，从而增强对英语的敏感度。

（四）学生要练——应当重视学生翻译能力的测评

考试要考，教材要编，那么教师和学生自然而然地要讲、要练。除了以上提到的教师在教学时，要注意结合翻译准备教学内容及方法，也可结合课文中的句型讲翻译技巧。学生的大量练习是不可或缺的重要环节，到后期可利用实际的技术资料等进行翻译练习，促使学生在实践中逐渐提高翻译水平。同时，各高校在测评非英语专业学生英语水平的过程中，应当重视翻译能力的测评。测试的方式可以多种多样，除了可以借鉴四级新题型中的汉译英、填空题形式，还可以有段落翻译，英汉句子翻译，或者是组织几次翻译竞赛，等等。通过这些测评方式，不但可以提高学生对翻译技能的重视程度，还可以极大地提高他们对翻译的兴趣。

三、英语教学中进行翻译教学的有效方法与途径

（一）将翻译教学提高到一个学科的高度来对待

翻译学应该是一门介于语言学、文学、符号学、美学、思维科学及一些现代学科之间的交叉性的边缘学科，它只能是一门独立的学科。经过多年的学科建设，翻译学已经初成体系，它主要包括理论和技巧两部分。我们在大学英语中进行翻译教学，一定要意识到翻译是一门学问，有独立的学科体系，在对翻译理论和技巧加以研究的基础上，根据教学实际，有计划、系统地安排翻译教学，从而避免翻译教学的随意性和偶然性。这里必须强调的一点是，在翻译教学中既要重视翻译技巧，也要传授翻译理论。翻译技巧是人们多年翻译实践向学生讲授翻译的技巧，这对于初涉翻译的非英语专业的学生来说更容易接受，能够起到立竿见影的效果，增强他们对翻译的信心。但光学技巧是不够的，这是因为翻译技巧毕竟是他人经验的总结，只能告诉我们在某些具体情况下应该使用的技巧，只是部分情况，不是全部，因而很不全面，有局限性。实际上语言实践是千变万化的，有很多情况翻译技巧还没有也不可能涉及，并且翻译中有很多规律性的问题，如翻译的标准，如何提高翻译质量等，“技巧”是解决不了的，只能靠翻译理论来解决。

（二）深刻认识翻译教学特征和充分考虑英语教学的实际情况

关于翻译学，不同的学者从不同的角度有不同的看法，这里我们不必深究。但纵观他们的定义我们不难看出，翻译学是一门综合性的边缘学科，又是一门有基本理论指导的实践性很强的学科。翻译教学的主要任务是系统地介绍翻译基本技巧和理论，通过大量的翻译实践，提高学生语际转换的技能。翻译课要求学生有较好的双语基础，学生对两种语言基础知识和规律掌握的程度直接影响翻译教学的效果。

（三）将翻译教学和语言教学有机结合起来

首先，英语教学大纲明确规定，英语教学目的是：“培养学生具有较强的阅读能力，一定的听、说、读、写、译的能力，使他们能以英语为工具交流信

息。”因此，英语教学应该使学生听、说、读、写、译等五项技能协调发展。由于翻译是学生日后工作中利用英语的主要方式之一，对翻译能力的培养显得尤其重要。广大英语教师应该将培养学生的翻译能力贯穿于英语教学始终，重视翻译教学。

其次，充分利用讲解单词、练习等一切机会让学生运用翻译技巧和理论。翻译技巧和理论，是前人大量翻译实践的经验总结和理论升华，只有通过自己大量的翻译实践才能理解和掌握；翻译能力，作为一种技能，必须在技巧和理论的指导下通过大量练习才能提高。由于在大学英语中一般不开设专门的翻译课，以及受应试教育的影响，学生课外很少有机会进行翻译实践，这就要求教师要做翻译的“有心人”，抓住机会随时让学生运用翻译技巧和理论，以及收集一些具有趣味性和时代气息的英汉美文，为那些学有余力的学生提供更多的实践机会。

第二节　翻译教学中创新思维的培养

一、翻译与创造性思维

所谓创新或创造指的是人首次获取崭新的精神成果和物质成果的行为，其中可见创新和创造的本质是新和独特。而创造性思维顾名思义，一则思，二则创，是指人们在创造发明和科学发现的过程中，产生出新的思维成果的思维，是一种创造新事物或发现新规律的思维方式。那么翻译和翻译教学与创新和创造性思维关系何在?

翻译是一种思维和语言的活动，它是从形式到内容，从语音到语义，从形象到逻辑，从达意到传情，从语言到文化的多层次、多方位的语际转换。而语言又是历史长期发展的产物，一切发达的语言都有其丰富的词汇和严密的语法结构，同时，不同的语言在语音、词汇、语法、修辞等方面又各有特征。如果简单机械地复制原文的语言形式，那么最终只能导致表达不通顺、不贴切、不流畅、不符合译文的语言规范。因此要顺利地实现语际转换确非易然之事。翻译是一种艰辛的、富有创造性的脑力劳动，因为究其本质而言，对原作的理解和表达本身就是一种再创造、再创新。

翻译这种创造性的脑力劳动又有别于其他的发明和创造，翻译中的创造性不是抛开原作语言所表达的思想内容而自由发挥、为所欲为，而是以原作的语言为基础，受制于该语言所表达的思想内容，译者若不发挥其积极思维、不发挥其创造性思维是无法把握住原作作者思维的脉络，是难以透过原作语言去理解原作的思想内容，是难以再现原作中所描述的艺术形象的。学生创造性思维能力的培养和提高与诸多因素有关，下文就着重谈一谈翻译教学中如何培养学生创造性思维能力的问题。

二、翻译教学与学生创造性思维能力的培养

（一）逻辑思维和形象思维培养相结合

翻译活动就其本质而言是译者进行思维的过程，离开了译者的思维就谈不上信息的语际转换，因为翻译往往是个解构—重组的过程；在这过程中最明显的是贯穿着分析和综合的逻辑思维，包括概念、判断、推理、联想、比较、抽象、概括等思维形式。然而并非说形象思维不重要，因为语言有时不仅表达概念信息，更重要的是它还可以表达一定的形象信息。翻译理论家尤金·奈达先生（1998）曾经讲过，“优秀的翻译是一种创造性的艺术，它既是再现，又是转变，因为它的目的是要在本义和联想意义两个方面达到表象上的和推论上的真实。”[①]笔者以为，奈达先生所说的“达到表象上的和推论上的真实”无非就是要求在形象和逻辑两方面达到与原作的对等。因此译者在翻译时，除了要运用逻辑思维、抽象思维以外，还必须发挥形象思维，透过语义概念这一层次，进而想象出原文语言所描绘的形象，最终再用译入语把形象重新描绘出来。

在翻译过程中往往不只是一种思维在起作用，而是两种思维方式共同发挥作用。翻译的过程中既离不开概念、判断和推理所构成的逻辑思维方式，又不排除形象、联想、模拟及创造性的成分。尤其是在文学翻译中，逻辑思维和形象思维交替出现，相得益彰。

① 王军，张晶.奈达翻译理论在大学英语教学和跨文化翻译实践中的应用[J].世纪桥，2007（02）：129-130.

逻辑思维、抽象思维大都以概念为思维细胞，我们的翻译教学要考虑到这些因素，扬长补短，在我们的教学中补充输入一些概念信息，有目的地加强学生逻辑思维能力的训练，促使学生大脑的“左半球”和“右半球”协调发展，开发其各自的潜能，培养和提高学生的逻辑思维和形象思维能力。

（二）辐合思维和发散思维培养相结合

翻译中的辐合思维指的是在翻译实践中译者遵循单一的模式归一地求取对某词或某句的翻译，其思维过程的显著特征就是思维活动明确指向目的地，即明确指向对某词或某句的译文。而翻译中的发散思维则与辐合思维截然相反，一般它都假定一个词或句有多种译法，其思维的方向朝外分散，尽量去寻找各种可能合适的、正确的译文。这也是翻译的艺术性特征，它能给译者提供一个自由选择和发挥创造性思维的空间。在翻译实践中，这两种思维是紧密相连的，翻译作为创造性的活动固然要进行尽可能多的联想，需要提出多种假设的或可能的译法，然而事实上创造过程并非到此终止，它还需要根据一定的翻译标准，从诸多的译文中确定一种更合理的、更贴近于原文的译文，或经过译者自己的评价、批判，如发挥自己的形象思维，看一看译文中的形象是否与原作中的形象相一致；发挥自己的逻辑思维，看一看译文中前后的逻辑衔接是否紧密，有没有出现逻辑脱节或前后自相矛盾的情形。

当然我们翻译教学的目的并非仅满足于学生能列举出诸多的译法，而是要教授给学生一种思维方法，让学生自己掌握一种寻求更佳译文的思维方法。教师作为课堂教学的组织者，这时就要善于因势利导，引导学生从诸多发散思维得来的译文中运用逻辑思维和形象思维，通过联想、比较、分析、争论和辩驳，看一看，哪一种译法更符合说话人的身份与个性，哪一种译文在上下文所构筑的逻辑关系中经得起推敲，站得住脚。在具体的翻译教学中教师要通过教学、指导，使学生摆脱思维定式，习惯于积极思维，同时又要培养学生比较、论证、判断的能力，使学生辐合思维与发散思维有机地结合起来，这样既调动了学生学习翻译的积极性、主动性，又进一步、全面地发展了学生的思维能力。

（三）学生思维灵活性的培养

思维迅速地、轻易地从一类对象转变到另一类内容相隔很远的对象的能力，称为思维的灵活性。相反，思维缺乏这种能力，就称为思维的惰性、刻板、僵化或者呆滞。翻译中思维的灵活性一般体现在以下几个方面：一是翻译时转移经验的能力。翻译中经常要求译者具备提出对策、做出对应转换的能力，也就是思维的“迁移”作用。这就要求译者要善于利用现有的知识对遇到的问题进行分析比较，把一个生疏的事物变成一个熟悉的事物，把一个领域使用的方法应用于另一个领域。因为多次的翻译实践经验能使我们摸索出规律、获得技巧，进而能够迅速地找到翻译的方法，“熟能生巧”这个成语说明的也正是这一道理。二是翻译时侧向思维的能力。这是一个当我们为某一词、句的翻译苦思冥想而不得其法时，从一个与我们翻译不相干的领域里得到启示的思维方法。常常一个“局外”的信息像一把钥匙，使我们茅塞顿开，发现并找到该词、句的译法。三是翻译时的联想能力。所谓联想指的是由某事物想起另外有关的事物，联想常常能使人把意义上差距很大的两个概念联系起来。学识渊博、思维又灵敏的译者发现解决问题的方法的机会要多一些，而那些思想呆滞、僵化的人其机会就要少得多。思维灵活必须以广博的学识为基础，有了广博的知识，翻译时我们转移经验、侧向思维、联想才不会误入迷津；翻译时才能思路开阔、左右逢源、妙思泉涌、笔底生花。

在我们的翻译教学中有必要注意加强对学生思维灵活性的训练，使学生能在学习或以后的工作中习惯于开动脑筋、积极思维，解决问题时才能反应迅速、才思敏捷，易于发挥创造力。

总之，在我们的翻译教学中，对某一翻译方法和技巧的运用，对某一词句的解释、理解和翻译，都要鼓励学生树立创新意识，力避思维定式，切莫人云亦云。要学会从不同角度、用不同方法进行全方位的思索，只有如此，才能挖掘学生思维的潜能，才能使学生在翻译过程中迸出“火花”，产生灵感。

第三节　英语翻译教学实践的新思路

一、讲解文化差异法

翻译不仅是不同语言之间的转换，还是一种跨文化交际活动，对语言文化的深刻理解是翻译的有力保障。教师首先需要向学生传授交际文化和知识文化。具体来说，交际文化是指在交际过程中对处于两种不同文化背景的人的交际活动产生直接影响的语言和非语言因素。知识文化是具有不同文化背景的人在交际时不产生直接影响的交际语言和非语言因素。我国学者赵贤洲（1992）曾对交际文化进行专门研究，并将其概括为如下几个类别。①

（1）因社会文化背景不同而产生的某些层面意义有差别的词语。

（2）因文化背景不同而产生的无法对译的词语。

（3）因社会文化背景不同而产生的词语褒贬不同。

（4）因社会文化背景不同而产生的词语使用场合的特意性。

（5）语言信息因文化背景不同而产生的差异。

（6）因社会文化背景不同而产生的潜在观念差异。

（7）成语典故、名言名句，等等。

（8）含有民族特殊文化传统信息的词语。

（9）有特定文化背景意义的词语。

（10）词语中反映的习俗文化信息。

（11）其他因价值观念、心理因素、社会习俗等造成的文化差异。

（12）不同文化背景造成的语言结构差异。

上述内容可以帮助学生发现源语文化与目的语文化之间的不同，从而加深对中西文化的理解。

① 陶友兰，鲍小英.高级英语口译：理论、技巧与实践[M].上海：上海译文出版社，2008：27.

二、提升文化修养法

对文化的全面了解和认识是翻译的前提。如果不能正确理解语言中的文化含义，翻译也就无从谈起。教师应采取多种手段，以切实帮助学生提升中西两个方面的文化修养。

（一）提升西方文化修养

阅读对于提升西方文化修养具有不可忽视的作用，教师可以安排学生阅读一些如《英美概况》《圣经》《古希腊罗马神话》等书籍来了解主要的英语国家的历史、地理、文化、经济、政治、风俗习惯，等等。另外，电影可使学生直观地感受西方文化，且电影题材丰富，可以跨越时间、空间的障碍，非常有利于学生拓展文化知识。有意识地多看书、多看英汉语电影都可以帮助学生在无形中培养跨文化意识，提高自身的跨文化交际能力。

（二）提升中国文化修养

中国文化博大精深，加强学生对汉语文化的理解也是同等重要的，具体可从以下两个方面做起。

（1）引导学生阅读一些关于哲学、文学、艺术、地理等其他领域的相关书籍，以便了解中国的政治经济、科教文化、风土人情和社会现状的变化发展。这样才能对中国文化有一个客观、全面的了解。

（2）引导学生从外国人的视角来认识中国文化。很多外国人对于中国文化也有所研究，他们也将自己对中国文化的理解和认识在书中体现出来。从外国人的视角了解中国文化，可使自己的思考角度更加全面，从而提升译文的准确性。

三、网络辅助法

翻译是将一种语言转换为另一种语言的活动，所以寻找两种语言之间的最佳匹配点就成为十分关键的环节。为了能在翻译的过程中体现、发扬汉语语言传统，教师应让学生熟悉汉语行文特征，了解汉语表达习惯。换句话说，加强学生汉语语言功底的培养具有非常重要的意义。借助于网络的帮助，有助于培养学生的英汉双语翻译能力，从而获得最佳的学习效果。

结束语

作为英语教育教学的重要组成部分，教学主体、教学目标、教学策略、教学评价等相关内容的创新直接影响着英语课堂教学质量，但受传统教学理念的影响，一些英语教师对教学主体的认知无法适应新时期教学生态理论的要求，教学目标的制定偏离了社会发展对复合型人才的要求，教学策略的制定缺乏大学生的参与，单一性的教学评价体系无法为教学工作提供科学指导。针对以上问题，英语教育教学创新可通过以下几点实现复合型英语人才的培养。

一、培养教学主体意识

在传统课堂教学环境中，教师掌握着课堂教学的主动权，学生只能按照教师的要求进行学习，限制了学生参与课堂教学的积极性与主动性。美国、英国、德国、日本等国家将生态学理论与教学理论相融合，提出现代教学生态理论体系，在形成以学生为主体的课堂教学主体意识的同时，使课堂教学质量明显提高。

二、加强文化策略在英语教育教学中的应用

为突出多元文化在英语教育教学中的应用，教师在教学内容的选择过程中应强调多元文化的导入，根据教学大纲与教学目的选择与之相适应的文化内容。

三、创新英语考核评价体系

传统英语考核评价主要侧重于基础词汇、语法两个方面，现代教学理念下的考核评价体系以提升学生英语综合能力为最终目标，其中就包括对多元文化的考核评价内容。例如，在英语听力考核评价过程中，增加不同国家的英语口语发音类型，或者在阅读理解过程中参考不同国家的语法使用习惯，进而提高学生在英语学习中对多元文化的认知程度，促进大学生完善英语基础理论知识体系，提升

实践应用能力。

四、借助新媒体创新英语翻译教学

借助新媒体进行英语翻译教学可以增强教学活力，拓展英语知识的获取渠道，提高英语翻译教学的互动性。依托网络上大量的资料库、翻译软件、翻译论坛建立以学生为中心的新媒体教学模式，老师与学生不再局限于面对面的交流，沟通的渠道可以是微信、QQ等新媒体平台，而且学生在实践过程中遇到问题，也可以自行借助新媒体来进行探究解决。高校英语翻译教学需要老师加强对新媒体技术的学习，把新媒体作为教学的载体和手段应用到教学实践活动中，利用新媒体的便捷性、实时性扩宽师生交流的渠道，有效补充和完善传统教学方式，引导学生正确利用新媒体进行学习，有效提升学生英语素养。

参考文献

[1]胡潇.英语交际教学法的教学平等思想研究[J].肇庆学院学报，2021，42（01）：71–76.

[2]文前国.英语写作课程的立体教学模式初探[J].科教文汇（上旬刊），2021（01）：180–181.

[3]王博佳.基于建构主义的英语辩论混合式教学范式[J].海南师范大学学报（社会科学版），2021，34（01）：84–92.

[4]贺琛琛，王崧珍.支架式教学模式在大学英语阅读中的应用探究[J].昌吉学院学报，2021（01）：125–128.

[5]伍轶，方燕.语言战略视野下的大学英语教学[J].纺织服装教育，2020，35（06）：535–538.

[6]邓敏慧.影子练习法在英语专业听力教学中的运用[J].品位・经典，2021（01）：123–124+165.

[7]苏可.基于SPOC的大学英语教学模式优化对策研究[J].太原城市职业技术学院学报，2020（12）：125–127.

[8]秦丽莉，何艳华，欧阳西贝.大学英语混合式教学的“生态给养”转化有效性研究[J].外语界，2020（06）：79–86.

[9]王舒婧.大学英语教学的文化融合策略[J].齐齐哈尔大学学报（哲学社会科学版），2020（12）：156–158.

[10]吐尔逊，任艳.英语教学中的文本摘要提取算法[J].信息技术，2020，44（12）：82–85.

[11]杨一涵.大学英语公共课应用CBI教学模式的分析[J].遵义师范学院学报，2020，22（06）：135–138.

[12]段金惠.英语课堂多感官刺激与叙事教学的整合研究[J].英语广场，2020

（36）：77–79.

[13]袁志远，郭克玲.基于互联网的英语口译教学新模式[J].英语广场，2020（36）：83–85.

[14]邵迪，刘芳婧，任晓龙.学术英语混合式教学模式构建[J].北华航天工业学院学报，2020，30（06）：36–39.

[15]魏贵娟.混合教学理念下的大学英语写作教学模式研究[J].科教文汇（中旬刊），2020（12）：177–178.

[16]陈睿.交互式教学模式下学生翻译能力培养策略[J].食品研究与开发，2020，41（24）：260.

[17]张秋颖.谈英语教学中批判性思维的培养策略[J].辽宁师专学报（社会科学版），2020（06）：43–45.

[18]徐东海.词的音变理据在大学英语教学中的应用[J].大连教育学院学报，2020，36（04）：58–59.

[19]孙超.教育信息化对改善农村英语教学现状的作用[J].现代农村科技，2020（12）：91.

[20]许妍.陌生化技巧在高校英语教学中的应用[J].洛阳师范学院学报，2020，39（12）：90–92.

[21]岳佩，赵欣.英语交际教学中的歧义现象探析[J].辽宁经济职业技术学院.辽宁经济管理干部学院学报，2020（06）：110–112.

[22]杨琦，杨香玲.混合式教学模式下大学英语教师评价素养探究[J].长春教育学院学报，2019，35（12）：11–13.

[23]刘佳.认知语言学在英语词汇教学中的作用[J].戏剧之家，2018（28）：189.

[24]刘淑霞，刘鲲鹏. 基于岗位需求的大学英语教材建设策略[C]. 辽宁省高等教育学会.辽宁省高等教育学会2017年学术年会优秀论文三等奖论文集.辽宁省高等教育学会：辽宁省高等教育学会，2017：413–418.

[25]陈碧梅.翻转课堂在英语专业教学中的创造性应用[J].珠江论丛，2017（04）：41–54.

[26]杨静.输入、输出理论与英语写作教学[J].珠江论丛，2017（04）：55–63.

[27]党倩.基于翻转课堂的大学英语听力复述法教学研究[J].运城学院学报，

2017，35（06）：61–64.

[28]李静，王英杰.语块教学在大学英语阅读中有效性的实证研究[J].运城学院学报，2017，35（06）：65–68.

[29]张楚乔.大学英语阅读课堂的有效教学互动研究[J].现代交际，2016（17）：186+185.

[30]罗垚.论大学英语课堂教学生态研究[J].现代交际，2016（17）：20–21.

[31]刘慧，白朝霞.英语专业文学教学的问题及对策[J].科技资讯，2016，14（35）：181–182.

[32]李蕊.网络资源在英语教学中的应用[J].中国教育学刊，2016（S2）：105–106.

[33]周思思.英语教学应“由生存到发展”[J].中国教育学刊，2016（S2）：109.

[34]刘俊汝，张慧.英语教学中文化意识的培养[J].商，2015（51）：222.

[35]刘楠.在英语教育中科学运用信息技术[J].科技创新导报，2015，12（32）：223+225.

[36]史易琦.语言的经济学与大学英语教育发展[J].品牌，2015（12）：261.

[37]吴方夏.分层次教学在英语发展班中的运用[J].海外英语，2015（24）：20–22.

[38]刘颖.隐性分级：大学英语分级教学的可行途径[J].海外英语，2015（23）：56–58.

[39]饶华宏，鲁芮汐.翻转课堂在大学英语教学中的研究与实践[J].海外英语，2015（23）：61–62+71.